LES
GANDINS

PAR

LE VICOMTE PONSON DU TERRAIL

auteur de

La Jeunesse du Roi Henri, le Diamant du Commandeur, les Drames de Paris, les Exploits de Rocambole, le Club des Valets de Cœur, la Revanche de Baccarat, la Dame au Gant noir, les Compagnons de l'Épée ou les Spadassins de l'Opéra, la Belle Provençale, la Cape et l'Épée, la Contessina, les Cavaliers de la Nuit, Bavolet, Diane de Lancy, la Tour des Gerfauts.

I

PARIS

L. DE POTTER, LIBRAIRE-ÉDITEUR

RUE FONTAINE MOLIÈRE, 27.

LES GANDINS

LES
GANDINS

PAR

LE VICOMTE PONSON DU TERRAIL

auteur de

La Jeunesse du Roi Henri, le Diamant du Commandeur, les Drames de Paris, les Exploits de Rocambole, le Club des Valets de Cœur, La Revanche de Baccarat, la Dame au Gant noir, les Compagnons de l'Épée ou les Spadassins de l'Opéra, la Belle Provençale, la Cape et l'Épée, la Contessina, les Cavaliers de la Nuit, Bavolet, Diane de Lancy, la Tour des Gerfauts.

I

PARIS
L. DE POTTER, LIBRAIRE-ÉDITEUR
RUE FONTAINE MOLIÈRE, 27.

Droits de traduction et de reproduction réservés.

1861

LES
PRINCES DE MAQUENOISE

PAR
H. DE SAINT-GEORGES

auteur de l'*Espion du grand monde*, un *Mariage de prince*, et des œuvres dramatiques
suivantes : les *Mousquetaires de la Reine*, le *Val d'Andorre*, la *Reine de
Chypre*, la *Fille du régiment*, etc., etc.

Les *Princes de Maquenoise* ont produit une grande impression à leur apparition.

Cette impression est due non-seulement au mérite de ce livre et au nom de l'auteur, mais à ce qu'on y retrouve les brillantes qualités des meilleures productions de M. de Balzac.

Originalité puissante du sujet, observation merveilleuse du cœur humain et de la vie sociale, de la vie de Paris, surtout ; cette tendre et religieuse philosophie de l'âme qui touche parfois aux idées les plus élevées, et explique la popularité si générale, si européenne des romans de Balzac, voilà ce qui existe à un degré très-éminent dans les *Princes de Maquenoise*.

Quant à la partie théâtrale et saisissante du drame, on peut s'en rapporter à M. de Saint-Georges, l'auteur de tant d'ouvrages dramatiques qui depuis quinze années font la fortune de tous les théâtres de notre capitale et des pays étrangers.

Un auteur d'une grande valeur, Mme Ch..... R......, disait en achevant un livre de M. de Saint-Georges : Quand on termine un de ses chapitres on croit toujours voir baisser la toile.

C'est à la fois un grand éloge et une vérité.

LES
MYSTÈRES DE LA CONSCIENCE

PAR
ÉTIENNE ÉNAULT

La conscience est assurément le plus étrange et le plus terrible attribut de l'âme humaine. Le roman et le théâtre l'ont déjà étudiée en ses diverses manifestations. Mais, nous osons le dire, jamais ses mystères n'ont été aussi savamment approfondis que dans l'œuvre dont nous signalons ici la publication.

Presque toutes les fois qu'on a dramatisé le remords, on a mis en scène des assassins n'inspirant que terreur ou dégoût et fatalement marqués pour l'échafaud. Tôt ou tard la loi intervient, les coupables sont punis, en sorte que la justice de Dieu, n'est, en réalité, que la justice des hommes. Conclusion salutaire mais incomplète. Dans LES MYSTÈRES DE LA CONSCIENCE, M. Étienne Énault a voulu dégager le principe divin de toute appréhension causée par le code criminel et donner ainsi au remords son caractère le plus saisissant et le plus moral. Il a fait de Maxime Tréhouart une sorte d'ange rebelle, dont le forfait n'est point irréparable, mais qui a résolu de dompter sa conscience. Dans une lutte acharnée le titan est vaincu, et son repentir amène sa rédemption. Ici, tout est indépendant de la vindicte sociale. Dieu seul est le justicier : ce qui prouve que rien n'échappe à sa loi souveraine, éternelle.

Autour du personnage principal, dessiné avec une vigueur peu commune, se groupent des types variés, odieux ou charmants, qui rappellent l'énergie de Balzac et la grâce de George Sand. Quant au style, nous croyons qu'aucun ouvrage dramatique n'est écrit avec plus de force, d'élégance et de pureté.

Paris. — Imprimerie de P.-A. BOURDIER et Cie, 30, rue Mazarine.

Première Partie.

LES HOMMES DE CHEVAL

CHAPITRE PREMIER.

I

En octobre 185..., comme le soi
tombait, un cavalier et une amazone,
tous deux en costume de chasse, suivaient au pas de leurs montures un de

ces jolis sentiers qui traversent en tous sens les grandes forêts du pays morvandiau, aux environs de Chastellux.

L'amazone était belle de cette beauté qui s'épanouit au soleil de la trentième année.

Le cavalier pouvait bien avoir quarante ans; mais il avait conservé la taille flexible et souple de la jeunesse, le regard clair et vif, la moustache fine d'un adolescent.

C'était le mari de l'amazone, et on

l'appelait le baron Arthur de Nesles.

M. et Mme de Nesles habitaient durant l'automne le château de Roche-Noire, un manoir du moyen-âge, passablement conservé, situé au milieu des bois et isolé de tout village et de toute autre habitation.

Le baron et la baronne de Nesles étaient cousins; ils s'étaient mariés par amour : ils étaient depuis dix ans les époux les plus heureux du monde. Derrière eux, ce soir-là, à cent pas de distance, chevauchait un piqueur, suivaient deux valets de chiens et une fort belle meute de douze chiens de Saintonge.

La chasse avait été superbe : un mulet conduit à la main par l'un des valets, portait sur son bât deux sangliers, une laie et un ragôt, tous deux tombés foudroyés sous les balles de M. de Nesles.

La baronne avait suivi la chasse avec la plus grande intrépidité, sautant les fossés, franchissant les haies, galopant au travers des halliers.

Les chevaux étaient rendus.

Aussi, le baron et sa femme, à demi tournés sur leur selle, causaient-ils avec abandon, peu soucieux de l'heure tardive et de la distance assez grande qu'il leur restait à parcourir pour arriver à leur château, où les attendait le souper.

— Ma chère amie, disait le baron, j'ai lu dernièrement un conte charmant d'un

auteur anglais, Charles Newil, je crois ;
un écrivain véritablement humoristique
et qui justifie merveilleusement le titre
général de son livre : *les Excentriques*.

— Eh bien ! demanda la baronne, que
disait ce conte ?

— Le croiriez-vous ? il m'a épouvanté...

Mme de Nesles avait de fort belles
dents ; elle les montra en un frais éclat
de rire.

— Vraiment! dit-elle, vous avez eu peur, ami?

— Grand peur...

— Vous!

— Moi, moi qui ai été capitaine de chasseurs d'Afrique et qui n'ai jamais tremblé de ma vie.

— C'est donc une histoire de revenants?

— Pas le moins du monde.

— Ou bien de voleurs?...

— Pas précisément. Cependant il y a des voleurs en scène.

— Mon cher Arthur, dit la baronne, je me suis abonnée jadis à tous les journaux illustrés qui publient des rébus, dans l'espoir d'apprendre à deviner ces sortes d'énigmes. J'ai fini par y renoncer, n'en ayant jamais pu déchiffrer une seule. Je jette ma langue au chat. Expliquez-vous...

— Eh bien ! répliqua le baron, moitié souriant et moitié grave, Charles

Newil parle dans un de ses *Contes excentriques* d'un certain Anglais de la cité, riche à millions, jeune, beau et aimé.

— Voilà, interrompit la baronne, des qualités assez sérieuses.

— Il avait une femme charmante, cet Anglais, une femme qui avait des cheveux noirs et des yeux bleus, comme vous, Pauline, ce qui est rare en Angleterre, l'esprit d'une Française et le charme d'une Parisienne. Je crois même, tant elle réunissait de perfections, qu'elle s'appelait Sarah, un nom charmant, presque aussi joli que le vôtre.

Mme de Nesles menaça son mari du bout du doigt :

— Si vous me faites un compliment de plus, dit-elle, je n'écoute plus votre histoire.

— Ah ! Pauline...

— Et cela me chagrinera, car j'en suis curieuse. Si bien que vous serez plus puni que moi.

— Soit, dit le baron; je poursuis. Notre Anglais était dans les affaires; tout lui réussissait : il multipliait ses millions, ne vieillissait pas, voyait sa femme rajeunir et l'amour dont elle l'environnait s'accroître chaque jour. Deux blonds chérubins en étaient le fruit. Quand on les voyait passer le dimanche tenant leurs enfants par la main, sous les ombrages de White-Hall ou de Buckingham-Palace, le peuple anglais saluait avec mélancolie et disait : Voilà

les gens les plus heureux du monde.
Le mot était passé en proverbe, on disait : *Heureux comme...* Ma foi ! s'interrompit le baron, je n'ai pas la mémoire des noms et j'ai oublié celui du héros de Charles Newil.

— Appelez-le Williams, dit la baronne. Tous les Anglais doivent s'appeler Williams.

M. de Nesles continua :

— On disait donc à Londres *heureux comme Williams.* Au milieu des brumes de sa patrie, cet homme s'était fait un ciel bleu comme celui qui sert de coupole aux pyramides. Le bonheur de Williams était une critique sanglante du spleen.

Cependant, un soir, cet Anglais qui n'avait jamais lié deux idées parce que le bonheur ne cherche point à philosopher, cet Anglais, disons-nous, se trouva seul à table, en face d'un pot de pale ale et d'une infusion brûlante de thé vert.

Les deux chérubins dormaient entrelacés sur un sofa, mistress Williams était allée passer la soirée chez la femme d'un banquier du voisinage. Le mélange du pale ale et du thé vert est pernicieux, sans doute, car notre Anglais se prit à rêver et se dit à son tour ce que Londres tout entier répétait sur tous les tons, à savoir qu'il était l'homme heureux entre tous.

Jusques-là il s'était contenté de l'être, et ne s'en était point aperçu...

— Mon bel ami, dit la baronne, interrompant le récit de M. de Nesles, je crois que vous voulez abréger pour moi la longueur du chemin en me faisant ce conte.

— Laissez-moi continuer.

— Voyons? nous avons le temps, et nous sommes encore à plus d'une lieue du château.

M. de Nesles reprit son récit :

— Cette découverte que venait de faire Williams lui fit froncer le sourcil;

au lieu de s'épanouir, il se rembrunit; au lieu de jeter un regard calme et confiant sur sa jeune progéniture, il ressentit un violent battement de cœur... et...

— Eh bien? fit la baronne.

— A partir de ce moment, continua M. de Nesles, sir Williams maigrit à vue d'œil, devint sombre, tremblant, préoccupé. Il tressaillait au moindre bruit, le son d'une cloche le faisait frissonner : plus d'une fois, il regarda ses pistolets avec une admiration vertigineuse.

— Mais, mon ami, interrompit encore la baronne, quelle absurde histoire me faites-vous donc là?

— Ce n'est pas moi, c'est Charles Newil. Or, voici quel avait été le mobile de cette métamorphose étrange, inouïe, et que vous qualifiez d'absurde : sous l'influence du pale ale et du thé vert, sir Williams s'était dit :

« Mon bonheur est trop complet pour

qu'il puisse durer. Bien certainement, je suis menacé de quelque épouvantable catastrophe ! »

— Et c'est l'appréhension de cette catastrophe qui le faisait maigrir? demanda la baronne.

— Justement.

— Voilà bien une idée d'Anglais ! exclama Pauline de Nesles en riant.

— Eh bien ! ma chère Pauline, reprit M. de Nesles, laissez-moi quitter un moment cet Anglais et vous parler de moi.

— Etes-vous fou, ami?

— Ce matin, — je n'avais pourtant bu ni thé vert, ni pale ale, — ce matin, tandis que nous déjeunions au rendez-vous de chasse, assis sur l'herbe verte, à l'ombre d'un vieux chêne, — je vous ai regardée, vous que je trouve chaque jour plus belle, et puis j'ai songé à notre enfant, à cette blonde petite fille qui vous ressemble et que nous allons trouver endormie dans son berceau; — et alors me souvenant du conte de Charles Newil, je me suis demandé s'il n'était point possible que Dieu, se ravisant, privât de leur paradis éternel ceux à qui il avait fait un paradis sur la terre.

— Ah! cher fou! s'écria Mme de Nesles, qui remarquait alors que la voix de son mari était devenue mélancolique, ne sais-tu donc pas que le paradis pour nous, c'est nous tenir par la main, et que rien au monde, aucune puissance humaine ou divine, ne pourrait nous séparer?

Elle tendit sa belle main dégantée au baron.

Celui-ci prit cette main et la porta à ses lèvres.

— Tu as raison, ma Pauline aimée, dit il, et s'il n'était si joli, je brûlerais le livre de Charles Newil, car il m'a mis un nuage dans mon azur.

— Heureusement, dit la baronne, il faisait du vent, le nuage a passé très-vite, n'est-ce pas? aussi vite que le temps, mon ami, tandis que je vous écoutais, car, tiens, regarde...

Et Pauline montrait, du bout de sa cravache, à l'extrémité de la ligne que suivaient les deux cavaliers, un point lumineux.

La nuit était venue, — une belle nuit d'automne étoilée et sans lune, une nuit sombre, — et la lumière que la baronne indiquait dans le lointain provenait du château de Roche-Noire, qui n'était plus qu'à un quart de lieue de distance.

Le baron prit sa trompe.

— Sonnons le retour! dit-il.

Et il entama la fameuse fanfare du marquis de Mac-Mahon, si populaire en Morvan et dans l'Autunois. Mais quel ne fut pas son étonnement et celui de Mme de Nesles, lorsqu'un cor de chasse lui répondit du château, lui donnant la reprise.

— Oh! oh! dit-il, je serais curieux de

savoir qui se permet à Roche-Noire de me répondre.

— Mais, dit la baronne, il n'y a au château que le piqueur et les deux valets de chiens qui sonnent du cor.

— Et Antoine le jardinier.

— Oh! dit la baronne, Antoine sonne beaucoup moins bien : n'en doutez pas, ce ne peut être lui.

Le cor résonnait toujours.

— Vous avez raison, dit M. de Nesles, c'est un veneur, un vrai veneur. Nous avons peu de voisins; d'où nous vient donc cette visite?

La curiosité s'en mêlant, le baron pressa son cheval, qui prit le trot, et sa femme le suivit.

Quelques minutes après, il arrivait devant la pelouse qui s'arrondissait au bas du perron de Roche-Noire, car le manoir était bâti tout au bord de la forêt.

Au bruit du cor annonçant l'arrivée

du maître, deux domestiques étaient sortis avec des torches.

A la lueur de la résine enflammée, M. de Nesles et sa femme purent voir un grand jeune homme en justaucorps de chasse rouge, comme celui des Anglais, coiffé d'une petite casquette à visière étroite, et qui tenait encore à la main la trompe dont les sons inattendus avaient vivement excité leur curiosité. Ce jeune homme, immobile jusques-là sur la dernière marche du perron, descendit et vint à la rencontre des deux cavaliers, — qu'il salua avec une élégance parfaite.

— Monsieur le baron de Nesles, dit-il.

— C'est moi, monsieur.

— Permettez-moi, monsieur le baron, continua le jeune homme, qui passa en bandoulière son cor de chasse et fouilla ensuite dans sa poche, — permettez-moi de vous remettre cette lettre qui vous apprendra qui je suis.

Le baron mit pied à terre, salua le jeune homme, qui lui était parfaitement inconnu, du reste, et prit la lettre qu'on lui tendait.

— C'est du marquis de Nesles, votre cousin, monsieur, dit le jeune homme.

— Ah! monsieur, répliqua le baron, soyez le bienvenu mille fois.

Il aida sa femme à descendre de cheval et lui dit :

— Ma chère Pauline, monsieur nous fait sans doute l'honneur de nous demander à souper. Soyez assez bonne pour reprendre vos devoirs de maîtresse de maison.

D'un geste, et sans ouvrir la lettre du marquis son cousin, M. de Nesles invitait son hôte inconnu à gravir les marches du perron, et il le fit entrer dans un petit salon au rez-de-chaussée, dans la cheminée duquel flambait un grand feu.

La présentation à brûle-pourpoint et les quelques mots échangés en plein air, à la porte du château, avaient duré quelques minutes à peine; le tout s'était passé à la blafarde lueur des torches, et Mme de Nesles avait à peine entrevu le jeune étranger. Elle ne suivit point son mari au salon et monta dans sa chambre pour y quitter son amazone.

Le baron avait, en pénétrant au salon, avancé un siége à l'inconnu, et s'accoudant à la cheminée près d'un flambeau, il avait ouvert alors la lettre de son cousin.

« Mon cher Arthur, disait le marquis, je t'adresse le fils d'un ancien et malheureux ami à moi, le comte de Morangis, tué en duel, il y a vingt ans. Le jeune Paul de Morangis est un chasseur passionné, un causeur aimable, un sportman distingué, un charmant jeune homme enfin, que sa mère adore, dont tout Paris raffole un peu trop, et qui a besoin, pense la comtesse, de passer quelque temps loin du boulevart des Italiens et des coures de la Marche et de Chantilly.

» Tu as dans les environs, à quatre ou cinq lieues de Roche-Noire, si je ne me trompe, un voisin, M. de M... Or, M. de M... a une fille de seize ans qu'on dit fort belle, qui sera fort riche, et dont la comtesse de Morangis ferait volontiers sa bru.

» L'excellente et belle Pauline ne doit pas être neuve en diplomatie. Je la charge des premières ouvertures. Quant à toi, je te prie de me garder mon jeune écervelé aussi longtemps que possible ; tu me le mèneras à la chasse du matin au soir, et tu feras tous tes efforts pour qu'il oublie un peu Paris.

» Comme je sais que Pauline est la vertu sur la terre, la charmante figure de mon protégé ne m'effraie point.

» Mes deux mains dans la tienne, et à toi.

» Marquis de Nesles. »

La dernière phrase de la lettre de son cousin fit lever les yeux au baron, qui regarda alors pour la première fois le beau visage du jeune comte de Morangis.

— Monsieur, lui dit-il, soyez mille fois le bienvenu dans mon ermitage de chasseur. Je tâcherai que vous y preniez quelque plaisir.

En ce moment, la porte du salon s'ouvrit et Mme de Nesles entra. La baronne leva les yeux sur l'étranger; le jeune homme regarda la baronne, et soudain celle-ci tressaillit sous le poids de ce regard.

Certes, si le baron de Nesles avait alors regardé attentivement sa femme, il l'eût vue pâlir, et peut-être il se fût demandé si, comme le héros du conteur Charles Newil, il n'avait point absorbé quelque affreux mélange de pale ale et de thé vert !...

CHAPITRE DEUXIÈME

II

Tandis que M. de Nesles et sa femme accueillaient au salon de la Roche-Noire le jeune comte de Morangis, les serviteurs du château étaient réunis à la cuisine.

Parmi eux se trouvait une belle fille du nom de Nanette, qui remplissait auprès de la baronne les fonctions de femme de chambre.

Nanette est une variante du nom de Anne, et à Roche-Noire on ne disait même plus Nanette, mais Nana... C'était de ce dernier nom que la belle Pauline de Nesles appelait sa camérière.

Nana pouvait avoir dix-huit ans : elle

était blanche et blonde comme la fille d'un pair d'Angleterre; elle avait les yeux noirs et les lèvres roses.

— Petite, lui avait dit plusieurs fois le baron de Nesles, si je ne t'avais vue naître dans une de nos fermes et si je ne connaissais ton père et ta mère, je jurerais que tu as du sang de prince dans les veines, tant tu es jolie et distinguée de tournure.

Nana rougissait à ce compliment, et puis elle soupirait.

Madame de Nesles avait emmené Nana à Paris durant deux hivers de suite. Nana avait fait l'admiration des amis de M. de Nesles.

D'une élégance hâtive, la petite morvandelle avait acquis en peu de mois ses lettres de naturalisation parisienne.

Elle portait de charmants petits chapeaux, les robes fanées de la baronne et une crinoline fort convenable.

Plus d'un gentleman passant dans son poney-chaise, rue de Varennes ou de Verneuil, l'avait aperçue marchant d'un pas leste, le matin, et lui avait jeté une œillade.

Mais Nana était sage : elle voulait un mari.

Le mari que Nana souhaitait, celui qu'elle voyait dans ses rêves, c'était un homme de sa condition, un valet de chambre ou un cocher; mais elle avait déclaré qu'elle n'épouserait jamais un *chasseur*, alléguant qu'un homme très-grand est généralement très-bête.

Nana était devenue la coqueluche des gens du château.

Les valets de ferme, qui jadis l'appelaient Nanette tout court ou la *petiote*, disaient maintenant « mademoiselle Nana. » Suzon, la vieille cuisinière, et Jacquet, le garde-chasse, qui n'étaient jamais allés à Paris, la questionnaient soir et matin sur cette grande ville où elle avait droit de cité.

Malgré sa sagesse, Nana était fille d'Ève : elle aimait la toilette, était coquette à désespérer un honnête homme, et, plus d'une fois, elle s'était risquée au bal de l'Ermitage avec Tom, le groom du baron.

La domesticité parisienne du baron en avait même jasé quelque peu; mais Nana avait haussé les épaules, disant :

— Si un *chasseur* est trop grand pour moi, un groom est trop petit.

Or, à Roche-Noire, Nana était un peu l'oracle de la cuisine. On l'écoutait, on l'admirait.

Mathurin le bouvier, qui, deux années auparavant, songeait à épouser la petite Nanette, soupirait maintenant bien fort et disait tristement :

— Ah! que je voudrais donc être un beau domestique de Paris, de ceux qui portent une culotte blanche, un gilet rouge et des galons d'or à leur chapeau! Mam'zelle Nana m'aimerait, pour sûr.

Un seul des hôtes de Roche-Noire, ainsi qu'une note discordante au milieu de ce concert d'éloges et d'admirations,

secouait gravement la tête et disait :
« Nana ressemble bien plus à une dame
qu'à une chambrière, et, certainement,
elle fera une mauvaise fin. »

Ce misanthrope de l'office avait nom
Jean-François.

Jean-François était le jardinier du
chateau : — un homme entre deux âges,
ni gris, ni noir, au teint hâlé, au regard
morne, — une manière de pédant qui
annonçait la pluie ou le beau temps

pour le lendemain, et avait étudié dans les livres.

Donc, le soir où le jeune comte de Morangis arriva au château, on causait à la cuisine, durant le souper, et Jean-François le misanthrope disait :

— Est-ce que tu as vu ce monsieur, Nana ?

— Quel monsieur ?

— L'étranger.

— Non.

— C'est pourtant un beau monsieur de Paris.

— Oh! fit Nana, retroussant sa lèvre rose avec dédain.

— Comme tu en rencontreras un, au premier matin.

— Plait-il?

— Et qui te fera un sort, ma fille.

— Bon! fit Nana d'un ton boudeur, voici que Jean-François va me dire encore quelque chose de désagréable.

— Je lis dans les astres, fit le pédant.

Nana ne boudait jamais longtemps : quand elle avait fait la moue, elle finissait par sourire ; quand elle avait souri, elle riait aux éclats.

Nana se prit donc à montrer ses dents blanches de la meilleure grâce du monde.

— Vraiment, dit-elle, tu es sorcier, Jean-François ?

— Certainement.

— Tu lis dans les astres?

— Mais oui.

— Et... qu'y lis-tu?

— Je vais te dire cela tout à l'heure, répondit le jardinier.

Il se leva, alla ouvrir une des portes de la cuisine qui donnait sur la cour et sortit.

— Mam'zelle Nana, dit Suzon la cuisinière, Jean-François est un méchant homme.

— Une brute! dit Jacquet le garde-chasse, et qui cherche toujours à vous faire de la peine.

— Mam'zelle Nana, soupira le pauvre bouvier Mathurin, Jean-François est pour sûr amoureux de vous... et c'est la jalousie...

Nana ne répondit ni à Suzon, ni à Jacquet, ni à Mathurin. Nana était pensive, et les dernières paroles du jardinier pesaient sur son cœur comme une sinistre prédiction.

Jean-François rentra.

— Ma pauvre Nanette, dit-il, les étoiles sont de mauvaise humeur, ce soir.

Nana tressaillit.

Cependant elle essaya de sourire :

— Que disent-elles donc? fit-elle.

— Rien de bon pour toi.

— Mais encore?

— Elles disent que le beau monsieur de Paris qui est venu ce soir te portera malheur.

Nana haussa les épaules et fit tous ses efforts pour rire aux éclats.

Mais l'accent du jardinier avait quelque chose de sinistre, et la pauvre fille en eut le frisson.

Elle redevint triste, rêveuse, et se tut. Comme Nana ne parlait plus, personne n'osa parler.

Tout à coup une sonnette se fit entendre.

Nana se leva.

Cette sonnette était celle qui avertissait la soubrette que sa maîtresse réclamait son office.

La jolie fille prit un flambeau et quitta la cuisine.

Quand elle fut partie, Jacquet, le garde-chasse, dit brusquement à Jean-François, le jardinier :

— Tu es un méchant homme, Jean !

— Pourquoi ? ricana Jean-François.

— Parce que tu fais toujours de la peine à mam'zelle Nana.

— Mam'zelle Nana ! exclama le jardinier d'un ton plein de mépris, mam'zelle Nana ! Est-ce que vous ne pouvez pas l'appeler la Nanette, comme moi?

— Jean-François, dit tout à coup Mathurin, qui se leva et serra les poings, si cela nous plaît de l'appeler mam'zelle, tu n'as rien à y voir...

— Ni toi non plus, répondit le jardinier. Est-ce que cela te regarde?

— Oui.

— Ah! par exemple!...

— Nana a été ma promise.

— Mais elle ne l'est plus...

— C'est à savoir...

— Allons donc! fit Jean-François, je sais ce que je dis, moi : Nana ne passera jamais devant M. le maire, ni devant le curé!...

— Tais-toi!...

— Nana finira... vous verrez...

Jean-François n'acheva point.

Mathurin était un solide gaillard qui rossait tous les garçons des alentours, et il lança au jardinier un terrible coup de poing qui l'envoya rouler à l'autre bout de la cuisine.

Le jardinier jeta un cri de rage, se releva et revint vers Mathurin, les poings fermés...

Mais le bouvier s'était armé d'un escabeau qu'il brandissait au-dessus de sa tête.

— Si tu fais un pas, dit-il, je t'assomme !

Jean-François était aussi lâche que méchant : il alla se rasseoir sans mot dire, mais il jeta à Mathurin un regard de haine. Puis, après un moment de silence, il s'écria encore d'une voix sourde :

— Je me vengerai!...

. . . .

Tandis qu'on se battait pour Nana à la cuisine du château, la jolie soubrette montait à la salle à manger, obéissant au coup de sonnette qui venait de retentir.

— Nana, dit la baronne au moment où la jeune fille se montrait sur le seuil, tu vas conduire M. le comte de

Morangis, qui a fait une longue route, et qui est très-las, dans la chambre verte.

La chambre verte était celle qu'à Roche-Noire on donnait aux étrangers.

Nana jeta un regard rapide sur le voyageur.

Celui-ci leva les yeux, examina la soubrette avec une certaine attention, et la pauvre fille, encore émue de la sinistre prédiction de Jean-François le jardinier, tressaillit et baissa la tête.

— Madame la baronne, dit le jeune comte, permettez-moi de vous remercier de votre charmante et gracieuse hospitalité.

— Monsieur le comte, dit M. de Nesles, bonsoir!

— Bonne nuit, monsieur, dit la baronne.

Nana sortit pour éclairer et montrer le chemin à l'étranger.

Elle traversa l'antichambre, gagna l'escalier, monta au premier étage et ouvrit la porte de la chambre verte.

Puis elle se dirigea vers la cheminée, alluma les deux flambeaux placés de chaque côté de la pendule, et, comme si un vague pressentiment l'eût agitée, elle murmura : « Bonsoir, monsieur le comte, » et voulut se retirer. Mais le comte, demeuré sur le seuil, ne s'effaça point pour la laisser passer.

— Restez donc, petite, fit-il.

Le jeune homme parlait d'un ton dégagé, à moitié conquérant, à moitié railleur.

Nana se sentit rougir jusqu'aux oreilles.

—Monsieur le comte a besoin de moi? demanda-t-elle.

— Non... pas précisément...

—Alors, bonne nuit, monsieur le comte...

Et Nana voulut passer...

Le comte la prit par le bras :

— Reste donc! dit-il d'un ton qui devint subitement impérieux.

Nana se prit à trembler de tous ses membres, et crut entendre bourdonner à ses oreilles les paroles menaçantes de Jean-François.

— Je veux causer, poursuivit le comte avec nonchalance.

— Mais, monsieur...

— Je cause toujours avec quelqu'un ou quelque chose avant de me coucher, répondit le gandin. Quand je n'ai pas mieux, je cause avec mon domestique.

Et regardant de nouveau Nana :

— Sais-tu que tu es jolie, petite?...

— Monsieur...

— Jolie à croquer. Tu as une belle main blanche...

Il lui prit la main, se souciant peu de la sentir trembler dans la sienne...

— Blanche et longue, avec des doigts retroussés et des ongles qui ressemblent à de la corne. Voyons le pied?...

Mais Nana se dégagea, retrouva un reste de sang-froid, et dit :

— Monsieur le comte se trompe !

Le gandin répondit par un éclat de rire :

— Bah ! fit-il, tu es vertueuse, mignonne ? tu es... bégueule ?

— Monsieur...

Nana se sentait fascinée par le regard ardent du jeune homme ; elle était dominée par son accent railleur.

Cependant elle fit un dernier effort et voulut sortir.

—Mais reste donc! dit M. de Morangis, je te veux parler...

— A moi, monsieur?

— A toi.

—Mais... vous... ne... me... connaissez pas.

— C'est vrai, mais qu'importe!...

Et tandis que la pauvre fille tremblait et baissait les yeux :

—Tu viens pourtant de Paris?

— Oui, monsieur.

— Et tu rougis quand on te parle, mignonne?

— Je veux avoir un mari.

Le comte eut un éclat de rire.

— Allons donc! fit-il, une belle fille comme toi est faite pour avoir un hôtel, des chevaux et des laquais...

Nana eut le vertige.

Le comte poursuivit:

— Elle est faite pour avoir un salon où elle recevra des hommes élégants, des femmes charmantes... Ah! petite, acheva le séducteur, si tu veux...

— Monsieur! s'écria Nana indignée, je suis la fille d'un laboureur, et je veux rester honnête. Bonsoir, monsieur le comte!

Cette fois, Nana écarta M. de Morangis, qui riait, et sortit; mais quand elle eut fait trois pas dans le salon voisin, le comte la rappela encore:

— Un instant! dit-il, j'ai un mot, un seul, à te dire.

La voix de cet homme exerçait déjà sur Nana une domination étrange et mystérieuse.

Elle revint, mais elle n'entra point.

— Comment te nommes-tu?

— Nana.

—Tiens! un joli nom. . et qu'on n'aura pas besoin de changer... Bonsoir! petite!... nous recauserons de tout cela demain.

M. le comte ferma sa porte.

Nana s'en alla rouge, émue, les yeux

pleins de larmes, les oreilles pleines de la prédiction du jardinier Jean-François.

— C'est singulier, pensait-elle, bien des hommes m'ont regardée, et je leur ai toujours ri au nez; mais celui-là... Mon Dieu! si Jean-François...

Nana eut peur de compléter sa pensée; et comme elle entendit un second coup de sonnette, elle se hâta de courir chez sa maîtresse.

La belle Pauline de Nesles appelait sa

femme de chambre pour se faire déshabiller et se mettre au lit.

Pauline, qui d'ordinaire était souriante et calme, parut à Nana affreusement pâle et troublée.

« Qu'a donc madame? » pensa-t-elle.

Et, tout d'un coup, elle fit cette réflexion plus que bizarre :

— Est-ce que, par hasard, cet étranger lui aurait parlé... comme à moi?

Nana était émue, mais la baronne paraissait l'être plus encore. Elle se laissa déshabiller sans proférer une parole.

Évidemment sa pensée était ailleurs.

— Madame, dit tout à coup Nana, est-ce que ce monsieur demeurera longtemps au château?

La baronne tressaillit brusquement, et, de pâle qu'elle était, devint livide.

— Que t'importe? dit-elle sèchement.

« Ah! pensa la soubrette, il lui a produit *un effet* à elle aussi!... »

Et soudain la pauvre fille ressentit une violente douleur au fond de l'âme...

Nana était jalouse déjà!...

CHAPITRE TROISIÈME.

III

A deux lieues de la Roche-Noire, et du côté de Chastellux, le manoir féodal par excellence, il y avait une jolie habitation connue sous le nom de la *Morinière.*

La Morinière était de construction moderne; ses petites tourelles carrées n'avaient guère plus d'un siècle d'existence, et ses armes parlantes, gravées au-dessus de la porte d'entrée, étaient *d'argent à un nigre au naturel.*

La Morinière, pas plus que ses fondations, ne datent des croisades.

Sous le règne de Louis XV le Bien-Aimé, un fermier général du nom de Morin, qui, du reste, était un fort honnête homme, capta la confiance et l'amitié de l'abbé Terray, le ministre des finances d'alors.

— Mon cher monsieur Morin, lui dit un jour l'abbé, qui, en sa qualité de ministre des finances prisait fort l'argent et plus encore ceux qui savaient l'amasser, c'est grande pitié, en vérité ! que des hommes comme nous, qui sommes intelligents, sobres et rangés, nous nous appelions Terray tout court et Morin plus court encore...

— Hum! dit le fermier général, vous avez raison, monseigneur.

— Surtout, continua le ministre, quand il y a des grands seigneurs ruinés ou qui se ruinent par centaines.

—Dites par milliers, monseigneur.

— J'aimerais tant vous voir seigneur de quelque chose, mon cher monsieur Morin.

— Et moi, monseigneur, je serais si heureux de vous voir duc et pair.

— Tenez, continua l'abbé, vous avez quelque part de belles fermes... en Morvan, je crois.

— Oui, monseigneur.

— Vous avez bien six lieues carrées de bois et de labourage?...

— Pour le moins.

— Et si vous faisiez bâtir un joli château avec quatre tours...

Le fermier général soupira :

— Hélas ! monseigneur, dit-il, je m'appelle Jean Morin.

— Eh bien?

— Et mon château ne sera jamais...

— Votre château s'appellera le château de La Morinière !...

— Bravo ! monseigneur ; mais le roi... peut-être...

— Morbleu ! dit l'abbé, qui sacrait et jurait au besoin, je suis si étonné de voir à la même époque deux hommes honnêtes, vous et moi, manipuler de l'argent, alors qu'il pleut des fripons de tous côtés, que je me fais fort de vous obtenir des lettres patentes.

Et l'abbé tint parole, — et deux mois après le roi rendit une ordonnance qui conférait le titre de *noble* à Jean Morin et érigeait en seigneurie la terre de la Morinière.

La noblesse morvandelle, très à cheval sur ses nombreux quartiers, et qui fermait ses fenêtres le soir, à seule fin que la lune, qui, n'en ayant que quatre, était de petite noblesse ne pénétrât point chez elle, jeta les hauts cris et cria au scandale,

Quarante années plus tard, le fils de Jean Morin, capitaine de cavalerie dans Royal-Irlandais, épousa une fille de bonne maison qui lui apportait en dot les dettes de sa noble famille; quarante années plus tard encore, une demoiselle de la Morinière, dernière du nom, accorda sa main à M. Laurent Charvet, comte de Pierrefeu, lequel était général de brigade et pair de France.

L'abbé Terray et 'son compère Jean Morin étaient morts, mais la terre de la Morinière subsistait.

Or, si la Morinière était un castel moderne n'ayant ni pont levis, ni créneaux, ni herse, ni machicoulis, ni fossés bourbeux, en revanche, le bonhomme Morin lui avait donné une ceinture de prés, un horizon de beaux bois bien venus, il l'avait confortablement meublée, à une époque où le mot comfort n'existait pas, et ceux qui l'habitaient avaient deux cent mille livres de revenu, ce qui permet toujours d'entretenir un château, alors même qu'il daterait des croisades.

Les hôtes de la Morinière étaient en 185..., c'est-à-dire au moment où commence notre récit, Mme la comtesse Charvet de Pierrefeu, veuve du général de ce nom et sa fille Armande.

Mme de Pierrefeu, qui était d'origine bourgeoise et qui n'avait jamais lu d'Hosier, tenait beaucoup au nom de

Pierrefeu, encore plus au titre de comtesse, et elle avait renoncé au nom de Charvet, — ce qui était une erreur héraldique, attendu que la situation des Charvet remontait à Pierre Charvet, chevalier croisé, et que le nom de Pierrefeu et l'érection de cette terre en comté ne dataient que de Louis XV.

Les Charvet avaient longtemps appartenu à la vieille noblesse de France, la noblesse sans titres et sans particules. Mme de Pierrefeu, mécontente de son origine, ne signait plus que C. de Pierrefeu. Mais, à part ce petit ridicule, la comtesse était une femme du monde, jeune encore, agréable et spirituelle, et qui consacrait sa vie à l'éducation de sa fille Armande.

Armande était ce bouton de rose qui s'épanouit lentement et que chaque matin caresse l'œil du jardinier.

Armande était blonde comme la Fornarina, mais elle avait les yeux bleus et

le regard pudique des beautés que chante
le vieil Ossian.

Armande avait dix-sept ans à peine,
et tout en elle était promesses; rien
encore n'était accompli. C'était le bourgeon qui va rompre son enveloppe et
devenir fleur, c'était la goutte de rosée
qui sera perle étincelante au premier
rayon de soleil.

Elle était svelte, élancée, flexible;
elle était blanche comme ces lys que les

vieux rois de France avaient pris pour emblème.

A voir ses pieds d'enfant et ses mains aristocratiques, son profil correct comme l'antique; à la voir sourire et marcher, on devinait que, malgré tous ses efforts, le sang des la Morinière n'avait pas pris une grande place dans cette organisation toute patricienne.

Armande de Pierrefeu était *Charvet* de la tête aux pieds; M. l'abbé Terray anoblissant Jean Morin, le roi Louis XV créant le comté de Pierrefeu, n'avaient que faire dans tout cela.

Or, un soir d'automne, et juste le lendemain du jour où le jeune comte Paul de Morangis avait fait son apparition au château de Roche-Noire, Mme la comtesse de Pierrefeu et sa fille Armande se promenaient en voiture découverte sur une de ces belles routes accidentées qui traversent la pittoresque et charmante contrée morvandelle.

Le soleil épandait encore ses dernières gerbes d'or à la cime des grands bois; de vagues senteurs, de pénétrants arômes se dégageaient de l'herbe encore verte sous la futaie, et des prés, que la gelée d'octobre n'avait pas encore eu le temps de jaunir.

L'air était doux et le vent tiède: c'était l'été, moins la chaleur.

Mme la comtesse de Pierrefeu causait beaucoup; Armande rêvait plus encore.

— Armande, ma mignonne, disait la comtesse, voici que vous allez avoir dix-huit ans.

— Je le sais, ma mère.

— C'est l'âge où une fille de bonne maison...

Armande baissa la tête. Elle devinait que sa mère allait encore lui parler *blason* et *généalogies*.

— Où une fille de bonne maison, continua Mme de Pierrefeu, doit s'établir convenablement.

— Oh! fit Armande en souriant, ce n'est point pressé, ma mère.

— Il n'est jamais trop tôt pour bien faire, dit sèchement la comtesse.

— Mais, ma mère, personne jusqu'ici ne m'a demandée en mariage... excepté...

Armande rougit un peu.

— Excepté M. de Mas, n'est-ce pas? fit la comtesse.

— Oui, ma mère, soupira Armande, et c'était un jeune homme charmant...

bien élevé... instruit... plein de bons sentiments...

— Je le sais, mais...

— Et vous l'avez refusé, ma mère, fit la jeune fille d'un ton de reproche.

— Il n'avait pas de titre, ma fille.

— Un sourire un peu railleur vint aux lèvres de la jeune fille.

— Je le croyais gentilhomme, dit-elle.

— Oui, et de très ancienne famille...

— Alors...?

— Mais il n'a pas de titre, répéta la comtesse.

— Ma mère, dit Armande, je vais vous conter une histoire.

— Voyons! fit la comtesse, ne sachant où sa fille voulait en venir.

— Cette histoire est celle d'une amie de pension à moi, Mlle Blanche Michon.

— Un joli nom! fit dédaigneusement la comtesse.

— Le père Michon avait vendu des

fleurs, je ne sais où. C'était un bonhomme qui avait amassé deux millions et n'avait d'autre héritier que sa fille Blanche.

Un jour le père Michon se dit :

— Ma fille sera comtesse.

Et Blanche répéta :

— Je veux être comtesse.

— Blanche était fort jolie, continua Armande : deux prétendants se présentèrent. L'un s'appelait M. de Beaumanoir, l'autre avait nom le comte de Haute-Futaie.

Le premier n'avait pas le moindre titre. Il se contentait de prouver sa filiation jusqu'à l'héroïque Beaumanoir du combat des *Trente*.

Le second était comte, — et voici comment :

Le comte d'Artois, en 1790, emprunta, pour s'en aller à Coblentz, mille pistoles à un banquier appelé Leloup.

La Révolution, l'Empire se succédèrent. Vint la Restauration.

M. Leloup fut anobli, — c'était justice; mais comme il était impossible de dire monsieur de Leloup, on le fit comte de quelque chose. Ce quelque chose était un bouquet de bois de cinquante arpents qui se trouvait je ne sais où. Or, acheva Armande, savez-vous lequel des deux préféra Blanche, du fils de Beaumanoir ou de l'héritier du Leloup? ce fut ce dernier : il était comte!...

— Ma chère enfant, dit sèchement la comtesse, vous ne savez rien du monde.

— Mon Dieu, ma mère, dit la jeune fille, je sais une chose; c'est que, si le faubourg Saint-Germain interprétait la noblesse comme M. et Mlle Michon, il vaudrait beaucoup mieux pour moi que j'épousasse un honnête homme, sans nom aucun, qu'un imbécile à qui on aurait conféré un comté imaginaire ou une baronnie *in partibus*.

Et Mlle Charvet de Pierrefeu se rejeta au fond de la calèche avec une petite moue dédaigneuse qui eut le don de crisper sa mère au dernier point.

Cependant, après un moment de silence, la comtesse reprit :

— Eh bien! mon enfant, si je vous donnais un mari de vieille souche, et qui eut un titre, le prendriez-vous?

— C'est selon...

— Comment cela?

— Il faudrait que...

Armande s'arrêta, rougissant toujours.

— Voyons? fit la comtesse.

— Il faudrait qu'il me plût.

— Il vous plaira...

— Ah! ma mère... vous savez donc?...

— Je sais qu'il est question entre votre famille et une famille de Paris, les Morangis, d'une alliance qui me sourit beaucoup. Les Morangis sont comtes.

— Comment est le fils? demanda brusquement la jeune fille...

Mme la comtesse allait sans doute faire à sa fille un portrait fort détaillé du comte de Morangis, lorsqu'un événement imprévu vint absorber tout entière l'attention des deux femmes.

La calèche de Mme la comtesse de Pierrefeu étaient attelée de deux vigoureux chevaux morvandiaux pleins d'ardeur et conduite par un cocher de quinze ou seize ans, un joli gars qu'on nommait à la Morinière Jacquinet.

Jacquinet, enfant du pays, était adroit, hardi, partant un peu imprudent.

Il lançait les chevaux à toute vitesse sur une pente rapide et se fiait beaucoup au frein qui serrait les roues.

Jacquinet, au moment où Mme de Pierrefeu parlait mariage avec sa fille Armande, était parvenu au sommet d'une côte, et du haut de cette côte on apercevait la Morinière au fond d'un vallon boisé.

A partir de cet endroit, la route s'inclinait rapidement et descendait par des rampes brusques et de nombreux contours jusqu'à la grille du parc qui entourait le château. L'imprudent Jacquinet fouetta ses chevaux, serra son frein et se lança sur la pente.

— Jacquinet ! prends garde ! dit plusieurs fois Mme de Pierrefeu.

— Madame la comtesse peut être

tranquille, répondit l'enfant, qui continua à stimuler ses chevaux.

Mais Jacquinet avait compté sans un accident.

Au milieu de la décente le timon cassa. La voiture se trouva alors sur les jarrets des chevaux, et ceux-ci, épouvantés, fous de douleur, s'emportèrent.

Armande et sa mère devinèrent le danger et jetèrent un cri. Jacquinet comprit que tout était perdu si les che_ vaux ne tournaient pas bien les rampes, et que chevaux et voiture s'en iraient rouler dans un précipice.

Et, comme la comtesse, il se mit à crier et appela au secours.

Un épais fourré de hêtres bordait la route à gauche. Tout à coup un homme en sortit, à cent mètres plus bas que la calèche.

Cet homme avait un fusil à la main.

Il sauta sur la route, se plaça au milieu, et comme les chevaux arrivaient sur lui, il épaula et fit feu. L'un des petits morvandiaux tomba, et la voiture s'arrêta.

Alors les deux femmes regardèrent leur sauveur.

C'était un jeune homme vêtu d'une élégante veste de chasse en velours noir, chaussé de grandes guêtres en peau de daim et qui sentaient leur Parisien d'une lieue, et ce jeune homme n'était autre que M. le comte Paul de Morangis.

Au bruit du coup de feu un deuxième chasseur sortit du fourré.

C'était le baron de Nesles.

Il accourut, s'approcha de la calèche et trouva la comtesse Charvet de Pierrefeu et sa fille encore tout émues.

— Ah! mesdames et chères voisines, dit le baron, voici une combinaison du hasard que je trouve singulièrement ingénieuse. Votre sauveur et moi nous cherchions depuis ce matin un prétexte honnête pour nous présenter à la Morinière...

— Ah! mon cher baron, murmura la comtesse, monsieur votre ami vient de nous sauver la vie.

Armande regardait le jeune chasseur et le trouvait d'une distinction accomplie et d'une beauté peu commune.

Le baron le prit par la main et dit :

— Mesdames, veuillez me permettre de vous présenter mon jeune ami, le comte de Morangis.

A ce nom, la comtesse tressaillit et Armande eut un violent battement de cœur...

CHAPITRE QUATRIEME.

IV

Un an après les événements que nous venons de raconter, M. le comte de Morangis avait quitté le Morvan, et nous l'eussions retrouvé à Paris un matin de mai de l'année 185..., à cheval, revenant du bois par les Champs-Élysées et la place de la Concorde.

Le comte montait un petit cheval arabe plein de fougue et d'ardeur, qui, bien certainement, eût désarçonné un cavalier moins solide que lui.

Le cheval était sous poil gris de fer, à tous crins ; il avait de petites jambes grêles et nerveuses, le cou de cigogne, la tête petite et l'œil saillant.

Les rares promeneurs de la grande

allée et de la place le regardaient avec admiration, tant il y avait de grâce et d'impatience dans ses mouvements.

M. de Morangis était toujours le beau jeune homme au teint blanc, aux lèvres roses, aux cheveux noirs, que nous avons connu.

Une petite moustache naissante couvrait sa lèvre supérieure.

Il avait des mains blanches et fines comme une femme et des pieds d'enfant, un sourire charmant et vague qui laissait voir de belles dents bien rangées.

On disait dans le monde que le comte était un homme accompli au physique, dans la plus rigoureuse acception du mot.

Quand il eut traversé la place de la Concorde et le pont du même nom, M. de Morangis prit la rue de Bourgogne et mit son cheval au pas.

Arrivé à l'angle de la rue de Grenelle, il s'arrêta et leva la tête.

Il se trouvait alors en face d'un hôtel

situé entre cour et jardin et dont toutes les fenêtres étaient hermétiquement closes.

On devinait que ses hôtes habituels étaient déjà partis pour la campagne. Le jeune cavalier demeura environ cinq minutes immobile au milieu de la rue de Grenelle.

Puis il poussa son cheval et s'en alla jusqu'à la rue du Bac; après quoi il revint sur ses pas et retourna se placer en face de l'hôtel.

Alors une fenêtre du premier étage s'entr'ouvrit discrètement et d'une façon si imperceptible que le cavalier put seul le remarquer.

Un objet blanc glissa à travers les persiennes, puis disparut avec la rapidité de l'éclair.

C'était sans doute un signal, car notre héros rendit alors la main à son cheval, reprit au grand trot la rue de Bourgogne, traversa de nouveau la Seine et gagna les Champs-Élysées.

Comme il arrivait au rond-point, il rencontra un autre beau jeune homme aux cheveux et aux favoris blonds, peigné soigneusement, ajusté comme le mannequin qu'on voit à la porte des coiffeurs, et le salua d'un geste et d'un sourire.

Ce deuxième personnage, vêtu de blanc et la tête couverte d'un panama, était juché sur le siége d'un breack qu'il conduisait lui-même.

—Bonjour, comte, dit-il au jeune cavalier.

—Bonjour, cher, répondit ce dernier qui s'arrêta court.

Le jeune homme vêtu de blanc rassembla ses chevaux et les arrêta. Le cavalier fit un signe au groom de trois pieds de haut qui, vêtu d'une veste d'écurie et coiffé d'un cône grisâtre, se tenait, les bras croisés, à côté du jeune homme vêtu de blanc.

Le groom dégringola du haut du siége.

— Tiens, lui dit le cavalier en mettant pied à terre, reconduis Mouctar-Bey chez moi.

Et tandis que le groom s'élançait sur le cheval d'un seul bond, le jeune homme grimpa sur le siége du breack, en disant :

— Mon cher Gustave, j'ai une confidence à te faire. Mais d'abord laisse-moi admirer tes deux trotteurs : ils sont superbes.

— C'est leur première sortie, répondit celui qui se nommait Gustave. Il a fallu quatre palefreniers et ton serviteur pour les atteler.

— Où vas-tu?

— J'essaye mes chevaux.

— Eh bien! remonte l'avenue, Tu reprendras ton groom devant chez moi.

M. Gustave Chaumont, ainsi se nommait le jeune homme vêtu de blanc, tourna fort élégamment, et le breack reprit la route du bois.

Un peu au-dessous de la rue du Château-des-Fleurs, le groom qui avait été chargé de reconduire le cheval arabe se montra sous la porte cochère d'un joli hôtel, de construction ancienne déjà et qu'on appelait *l'hôtel Morangis*.

Gustave Chaumont lui fit un signe et le groom se prit à courir et grimpa dans le breack, laissant sa place sur le siége au jeune comte Paul de Morangis.

Ainsi se nommait le cavalier que nous avons vu tout à l'heure stationner dans la rue de Grenelle.

— Eh bien! dit M. Gustave Chaumont, qui était une des gloires du sport, voyons ta confidence, comte.

— Elle est à Paris.

— Qui donc?

— Pauline.

— La baronne de Nesles?

— Précisément.

— Ah bah! en es-tu bien sûr?

— Je suis certain : je reviens de la rue de Grenelle.

— Et tu l'as vue?

— A peu près.

— Hein ? fit Gustave.

— C'est-à-dire qu'une fenêtre s'est entr'ouverte et que j'ai vu passer un mouchoir.

— Le sien?

— C'est probable. Lis plutôt cette lettre.

Le jeune comte de Morangis tira de

sa poche un petit billet mignonnement plié et d'où s'exhalait un discret parfum.

Puis, afin que son interlocuteur pût le lire tout à son aise, il lui prit des mains le fouet et les rênes en lui disant :

— Je vais conduire.

M. Gustave Chaumont déplia le billet couvert d'une charmante écriture anglaise allongée qui trahissait une main de femme, et il lut :

« Passez chaque matin rue de Grenelle, vers huit heures. Dans deux ou trois jours, plus tôt peut-être, peut-être aussi plus tard, vous verrez une persienne s'entr'ouvrir et à travers la persienne flottera un mouchoir blanc.

» Ce jour-là, j'aurai pu m'échapper.

» Vous vous promenerez le soir entre neuf et dix heures dans l'avenue Lord Byron.

» Un coupé passera. Il sera vide. Vous monterez et direz au cocher : *Où bon vous semble.*

» Le cocher saura où il doit vous conduire. »

La lettre n'avait ni date ni signature.

— Ah ça! mon cher, dit M. Gustave Chaumont en rendant le billet au jeune comte de Morangis, veux-tu mon avis sur ton intrigue avec la baronne de Nesles?

— Voyons, j'écoute.

— Tu ne te fâcheras pas?

— Allons donc!

— Eh bien! c'est une mauvaise action.

Un sourire cruel glissa sur les lèvres du beau jeune homme.

— Pourquoi? fit-il.

— Parce qu'elle t'aime...

— Bon!

— Qu'elle t'aime à en mourir et que pour toi elle abandonnera son mari, son enfant, sa famille, le monde entier.

— J'y compte, mon cher,

Le jeune comte de Morangis prononça

ces deux mots avec un calme parfait.

— Comment! s'écria le sportman, tu la laisserais faire!...

— Parbleu!

— Mais tu l'aimes donc?

M. de Morangis se prit à siffloter un air de chasse.

— Sais-tu bien, mon cher, dit-il, que je n'ai jamais aimé personne? Et cependant, ma foi! j'avoue en conscience, que j'ai fait ce que j'ai pu, parole d'honneur.

Gustave Chaumont regardait son compagnon avec une curiosité qui ressemblait presque à de l'effroi.

— Tu m'épouvantes, dit-il.

— Mon bon ami, reprit M. de Morangis, je crois que je suis né incomplet. J'ai un creux sous la mamelle gauche, un creux qui était destiné à recevoir le cœur.

— Et le cœur n'y est pas ?

— Non. Jamais je ne l'ai senti battre.

— Tu es un être étrange !

— J'en conviens.

— Les dévouements t'environnent, et tu n'es dévoué à personne. Ta mère...

— Oh! cher, fit le comte avec dédain, ne me parle pas de ma mère : elle est insupportable...

— Mais, enfin, reprit M. Chaumont, si tu n'aimes pas Pauline, pourquoi la laisserais-tu accomplir pour toi les sacrifices les plus douloureux?

— Cela me plaît d'être aimé ainsi.

— Mais... le mari?..

— Le mari serait homme à me tuer sur place s'il me trouvait aux genoux de sa femme.

—Tu te trompes. De Nesles est un galant homme : il te provoquerait et se battrait.

— J'aimerais assez cela.

Et M. de Morangis, après cette cynique réponse, qui sortait de ses lèvres au moment où le fringant attelage de M. Gustave Chaumont atteignait le pont de Neuilly, M. de Morangis, disons-nous, tira de sa poche un étui à cigares et dit à son compagnon :

— Donne-moi du feu ; et puis, si tu le veux bien, retournons. Il commence à faire chaud.

— Soit, répondit le sportman.

M. de Morangis se prit à fumer silencieusement son cigare, et les deux jeunes gens atteignirent la barrière de l'Étoile sans avoir prononcé un seul mot. Là seulement M. Chaumont dit au jeune comte :

— Veux-tu que je te mette chez toi?

— Volontiers.

Quelques minutes après, le breack s'arrêta devant l'hôtel de Morangis.

— Adieu, à ce soir! dit le comte; nous nous retrouverons à Madrid vers quatre heures.

M. de Morangis sonna à la petite porte qui s'ouvrit sur-le-champ.

Dans la cour de l'hôtel, le jeune homme vit une voiture attelée :

— Est-ce que ma mère va sortir? demanda-t-il.

— Madame la comtesse attend monsieur, lui fut-il répondu.

Il haussa imperceptiblement les épaules et gravit lestement les dix marches du perron, sans avoir remarqué la persienne d'une fenêtre du premier étage, derrière laquelle s'abritait une tête de femme — une tête pâle et inquiète. Le jeune comte gravit le grand escalier de l'hôtel, et il allait passer sans s'arrêter devant le premier étage, qui était tout entier occupé par sa mère, lorsqu'un valet de chambre lui répéta ce que le suisse venait de lui dire :

— Madame la comtesse attend monsieur.

Le jeune homme laissa échapper un geste d'impatience, mais il entra chez sa mère.

La comtesse de Morangis l'attendait dans sa chambre à coucher.

En le voyant entrer, elle se leva et vint à lui.

— Bonjour, mon enfant, dit-elle.

— Bonjour, ma mère, répondit le jeune homme.

Elle lui mit un baiser au front, un baiser qu'il reçut avec indifférence.

— Vous m'avez fait demander, ma mère? dit le comte.

— Oui, mon enfant.

— Je suis à vos ordres.

Et il s'assit avec une sorte de lassitude pleine d'ennui.

—Mon fils, dit la comtesse d'une voix grave et triste, j'ai besoin que vous me parliez à cœur ouvert.

Il tressaillit; elle lui prit la main et la pressa doucement dans les siennes.

— Ah! cher enfant, dit-elle, tu ne sais donc pas que je veux t'entretenir de ton bonheur à venir?

Le comte regarda sa mère avec indifférence.

— Mais, dit-il, je me trouve parfaitement heureux ainsi.

Elle soupira.

— Qui sait? fit-elle, la fatalité est toujours au seuil de la maison de ceux qui ne souhaitent rien, tant leur bonheur semble complet.

Comme le jeune comte allait sans doute répondre, la porte s'ouvrit et un valet apporta une carte de visite sur un plateau.

La comtesse prit cette carte et pâlit.
Elle venait de lire ce nom.

LE DOCTEUR SAMUEL.

— Encore cet homme! murmura-t-elle avec épouvante.

La comtesse de Morangis se trouvait en proie à un trouble inexprimable.

— Mon Dieu! ma mère, dit le jeune comte, enchanté qu'un événement inattendu vînt s'opposer à l'entretien qu'elle désirait avoir avec lui, si vous le voulez, je vais me retirer.

— Oui, dit la comtesse toujours émue, laissez-moi... Cet homme a des affaires importantes avec moi, des affaires d'intérêt... Tenez, sortez par cette porte... Je suis à vous dans une heure.

Le jeune comte Paul de Morangis se leva, baisa la main de sa mère et sortit par une porte qui donnait sur l'escalier de service de l'hôtel, de telle façon qu'il ne rencontra point le personnage qui se faisait annoncer chez sa mère.

Le comte monta au deuxième étage

qu'il habitait en entier, et il passa dans son cabinet de toilette, où il changea de vêtements, puis dans son fumoir où il s'allongea paresseusement sur un divan.

— Mais soudain son regard fut attiré par un cahier de papier placé sur la cheminée, devant la pendule.

Ce cahier était ficelé d'une faveur rose et portait pour suscription :

A Monsieur Paul de Morangis.

Le comte s'en empara.

— Qu'est ce que cela? pensa-t-il.

Il dénoua la faveur rose, ouvrit le cahier et lut ce titre bizarre :

« *Histoire du docteur rouge et de la comtesse de Morangis.* »

— Qu'est-ce que le docteur rouge et que peut-il avoir de commun avec ma mère? se dit le comte.., et qui donc a déposé cela sur ma cheminée? Parbleu! j'en aurai le cœur net!

M. Paul de Morangis alluma un cigare et commença la lecture de ce manuscrit.

CHAPITRE CINQUIÈME.

V

CHAPITRE PREMIER.

« Le minotaure moderne connu sous le nom de la *roulette* venait, chassé de France, de porter ses dieux lares au bord du Rhin.

« Bade, la vieille ville des margraves, prise d'ennui au milieu de ce paradis terrestre que la nature lui donna pour jardin, s'était empressé d'accueillir ces anges au front chauve et aux doigts crochus, récemment exilés de Paris.

» La *Maison de conversation*, ce palais ainsi nommé parce que les joueurs n'y échangent entre eux que de rares paroles, s'élevait blanche et coquette au flanc d'une colline de verdure. C'était donc en l'année 183... et dans les premiers jours de mai.

» Une amazone montée sur un beau cheval noir, de race irlandaise, après avoir dépassé l'antique couvent de Lichtental, galopait hardiment sur la route abrupte du manoir d'Ebberstein, ce pied-à-terre de chasse féodal des grands ducs.

» Derrière elle, à cent pas de distance, montant un cheval du pays, suivait un domestique en petite livrée du matin.

» Bien qu'il fût dix heures à peine, l'atmosphère était déjà brûlante, et une large bande de nuages d'un gris plombé s'allongeait à l'horizon, dentelée par la cime pointue des sapins de la forêt Noire.

» Parvenue au sommet de la montagne, à ce point culminant d'où l'on découvre d'une part la vallée de la Mürg, de l'autre le vallon sinueux qui conduit à la cascade de Gerolsaü, l'amazone s'arrêta pour contempler le merveilleux panorama, ce qui permit à son laquais de la rejoindre.

» C'était une femme de vingt-sept à vingt-huit ans environ, d'une beauté étrange et fatale.

» Frêle et souple en apparence, elle maniait son cheval avec une vigueur toute masculine ; blonde, blanche, délicate, elle avait la lèvre autrichienne, le nez hardiment busqué et les yeux noirs.

» A une exquise élégance de manières on devinait qu'elle réunissait une énergie peu commune et presque sauvage.

» Ceux qui l'avaient vue sourire prétendaient qu'elle cachait au fond de l'âme une ironie pleine d'amertume, un dédain suprême de toute chose.

» Cette femme avait fait son apparition Bade il y avait environ un mois. Elle se faisait appeler la comtesse de Morangis, et attendait, disait-on, son mari, que des fonctions diplomatiques retenaient à Berlin pour quelques jours encore.

» — Madame la comtesse ferait peut-être bien, dit le laquais en la rejoignant, de rebrousser chemin.

» — Pourquoi cela, Baptiste?

» — Parce que, si je ne me trompe, il va faire de l'orage.

» Elle eut un fier sourire :

» — Je ne crains pas l'orage, dit-elle.

» Madame la comtesse oublie qu'elle

monte *Fowler*... et Fowler a peur du tonnerre.

» — Pas quand je le monte. Rassure toi, Baptiste.

» Le laquais leva les yeux au ciel et se tût; mais son regard semblait dire : « Quelle femme !... »

» La comtesse Hélène de Morangis rendit la main au beau cheval noir, qui reprit cette magnifique allure des trotteurs irlandais.

» Baptiste éperonna son mecklembourg

et suivit sa maîtresse, la tête inclinée sur la poitrine.

» Dix minutes après, le galop forcené d'un cheval lancé à toute vitesse retentit derrière l'amazone.

» Elle se retourna et vit accourir vers elle un cavalier qui portait un petit manteau rouge et montait un étalon gris de fer.

» Le manteau rouge était semblable à ceux des *gauchos* de l'Amérique du Sud; le cheval était petit, grêle, ardent, il avait la crinière longue et touffue et l'œil rond à fleur de tête.

» On devinait qu'il avait brouté l'herbe des pampas.

» Un sourire froid, railleur, presque cruel, vint aux lèvres de la comtesse :

» — J'en étais sûre, — murmura-t-elle. Le *docteur rouge* ne saurait me laisser faire un pas en liberté.

» Comme le cavalier désigné sous le nom du docteur rouge arrivait sur elle, il ralentit l'allure de son cheval, et la comtesse arrêta brusquement le sien.

» Le docteur passa, mit la main à son chapeau et salua.

» La comtesse s'inclina sur sa selle et continua à sourire d'une façon assez dédaigneuse.

» Quand il eut dépassé l'amazone, le docteur remit son cheval au galop et, bientôt elle le vit disparaître au tournant de la route, derrière les sapins.

» — Voilà un homme qui perd galamment son temps, se dit la comtesse qui se remit en route. Malheureusement il s'adresse mal... J'ai une vertu cuirassée d'insensibilité.

» — Madame la comtesse, répéta Baptiste, ferait bien de presser l'allure de Fowler voici que le temps est déjà couvert. Avant dix minutes nous entendrons le tonnerre.

» — Tant mieux! dit-elle, il faut que ce bon Fowler s'y habitue.

» Et loin de rendre la main à sa monture, l'amazone continua à la ralentir, la laissant, pour ainsi dire, trotter sur elle-même.

» Malheureusement, Baptiste avait fait en conscience son métier de Mathieu Laensberg, c'est-à-dire que, juste dix minutes après sa prédiction, un éclair illumina l'horizon où le soleil avait disparu derrière une couche de nuages.

» Puis, à l'éclair, un coup de tonnerre succéda.

« Fowler se cabra et pointa les oreilles avec effroi.

» Mais l'amazone passa sur son encolure lustrée sa petite main recouverte d'un gant en peau de chamois, et parvint à le calmer.

» Baptiste, fort inquiet déjà, murmurait :

» — En vérité! madame la comtesse n'a peur de rien.

» Fowler, obéissant à un sentiment naturel chez tous les chevaux, avait pris le galop pour tromper sa terreur.

» Au second éclat de la foudre, il

s'emportera sûrement, pensait le prudent laquais.

» Et, cette fois encore, Baptiste avait raison.

» Bientôt, en effet, le ciel s'entr'ouvrit : un éclair fulgurant jaillit de la voûte plombée et fut suivi d'un fracas épouvantable.

« Alors le cheval bondit en avant, la crinière éparse, l'œil en feu, les naseaux fumants, et quelque effort que fît l'amazone, quelque habileté qu'elle déployât pour le réduire, l'animal, ivre de terreur, s'élança comme une flèche sur la route du vieux Burg, qui déjà commençait à suivre un plan incliné assez rapide.

» Mme la comtesse de Morangis était une vaillante écuyère, et son front demeura pur, son regard calme; son cœur ne battit pas plus vite.

» Au lieu de rassembler son cheval, ce qui est le fait d'un cavalier novice, elle lui laissa flotter la bride sur le cou, se contenta de le reprendre en main par brusques secousses.

» — Il finira bien par s'arrêter, pensait-elle.

» Mais tout à coup elle fronça le sourcil.

» La route décrivait un angle presque aigu, semblait revenir sur elle-même et un coup d'œil suffit à la comtesse pour la convaincre de l'imminence du péril.

» En effet, à l'endroit où elle faisait un coude, la route du Burg surplombait un précipice, soutenue qu'elle était par une muraille de vingt pieds de haut adossée au talus de la montagne.

» — Encore un coup de tonnerre, se dit la comtesse, et mon pauvre Fowler n'aura ni l'intelligence ni la souplesse de tourner avec le chemin. Il va tête baissée me lancer dans le ravin.

» Et comme elle faisait cette réflexion, comme elle n'était plus qu'à une centaine de pas de l'abîme, la foudre se fit entendre de nouveau, et le cheval furieux précipita son galop et parut avoir des ailes.

» — Je suis perdu! murmura la comtesse, qui dédaigna cependant de pousser un cri.

» Mais, en ce moment, un cavalier se montra à l'angle de la route.

» C'était le docteur rouge.

» La comtesse, qui déjà se voyait roulant avec Fowler de rocher en rocher, vit le bizarre personnage se camper immobile au milieu du chemin, et, comme le cheval emporté passait auprès de lui, elle se sentit enlacée par deux bras robustes qui l'arrachèrent de sa selle, tandis que le malheureux Fowler, aveuglé par l'effroi, franchissait le petit parapet et se précipitait en bas du talus.

» Tout cela eut la durée d'un éclair, et l'amazone étourdie se retrouva sur la selle du docteur qui, alors, la laissa glisser à terre et lui dit en souriant:

» — Vous avez bien failli, madame,

ne revoir jamais M. le comte de Morangis, votre époux.

» Déjà l'amazone avait repris son calme habituel, son sourire froid et railleur était revenu sur ses lèvres, et elle se tenait ferme et droite sur ses pieds, regardant son sauveur avec moins de reconnaissance que de curiosité.

» En effet, le docteur rouge méritait bien dans son ensemble physique et moral de faire naître ce sentiment.

» Au physique, c'était un homme de petite taille, au teint basané, à l'œil plein de feu, malgré sa petitesse, aux lèvres minces et plissées par un rire sarcastique.

» Quel âge avait-il? Trente ans selon les uns, si l'on en jugeait par son front sans rides et sa fine moustache noire; — cinquante selon les autres, si on l'écoutait parler avec la précision et la netteté du souvenir, des cinq parties du monde qu'il disait avoir habitées tour à tour.

» Si la beauté fatale et dédaigneuse de la comtesse de Morangis avait excité l'admiration du beau monde cosmopolite réuni à Bade, l'étrangeté du docteur rouge avait piqué sa curiosité au plus haut point.

» D'où venait cet homme, et quel était son pays?

» Nul ne le savait.

» Avec les Anglais, il s'exprimait en

anglais; il parlait un français très-pur qui l'eût fait prendre pour un Parisien ou un Blaisois; on l'avait entendu prononcer l'espagnol comme un hidalgo de la bonne souche.

» Tout ce qu'on savait, c'est qu'il avait amené son cheval du pied même des montagnes Rocheuses et que son manteau rouge avait été acheté à Buenos Ayres.

» A ces deux renseignements, le hasard était venu en joindre un autre.

» Sur le livre de police de l'hôtel de Russie, le cosmopolite avait écrit son nom et sa profession :

LE DOCTEUR SAMUEL.

» Et il avait ainsi défini son lieu de naissance :

» *Né en pleine mer par le trentième degré de longitude.*

» Huit jours après son arrivée à Bade, un voyageur était descendu fort bien portant à l'hôtel de Russie, et, le lendemain, il était tombé malade si dangereusement qu'on avait, en hâte, appelé tous les médecins du pays.

» Les hommes de science avaient déclaré que le prince russe, — c'en était un, — était en proie à un accès de typhus asiatique et tous avaient hoché la tête, déclarant que le malade qui revenait de l'armée du Caucase où, sans doute, il avait contracté le germe de cette terrible maladie, vivrait quelques heures à peine et que tout remède était inutile.

» Le docteur Samuel, appelé à son tour, avait examiné fort attentivement le prince russe, puis il s'était contenté de hausser les épaules en disant :

» — Tous ces médecins sont des ânes.

» Après quoi il avait ouvert ses valises, composé une potion mélangée de poudres brune et noire et de feuilles de thé, et cette potion avait si bien sauvé le malade, que le lendemain il se promenait sur la terrasse de la *Conversation.*

» Cette cure avait suffi pour établir la réputation médicale du docteur rouge, lequel, du reste, avait déclaré qu'il n'exerçait pas habituellement, et que, sauf des cas extraordinaires, il ne se souciait point d'être dérangé.

» Il était à Bade pour son plaisir, et non pour s'y acquitter de sa profession.

» On prétendait, du reste, que le docteur Samuel était fort riche, car il jouait gros jeu, perdait avec indifférence et gagnait avec dédain.

» Le docteur était arrivé à Bade quelques jours après la comtesse.

» Le soir même, la femme au froid sourire et l'homme aux allures bizarres s'étaient rencontrés et avaient échangé un de ces regards profondément scrutateurs qui valent mieux souvent qu'une connaissance de dix années.

» — Voilà un homme qui doit avoir

beaucoup de mon caractère, avait pensé la comtesse.

» — Voilà une nature de femme qu'il me plaît d'étudier, s'était dit le docteur rouge.

» A partir de ce moment, madame Hélène de Morangis s'était étudiée à fuir le docteur, et le docteur s'était acharné à la suivre.

» Au bal, à la promenade, partout madame de Morangis rencontrait le docteur Samuel.

» Le docteur la saluait silencieusement et passait.

» Or c'était la première fois que le docteur avait osé lui adresser la parole, et la comtesse, en regardant attentivement ce bizarre personnage oubliait de le remercier.

» Quelques larges gouttes de pluie commençaient à tomber.

» — Madame, dit le docteur, Ebberstein est à deux cents pas d'ici, et vous pouvez voir ses tourelles à travers les arbres.

» — Je les vois en effet, monsieur.

» — Avant un quart d'heure, poursuivit le docteur, il pleuvra à torrents, et vous allez me permettre, madame, de vous offrir mon cheval pour aller jusqu'au burg.

» — Merci, monsieur, répondit la comtesse tandis que le docteur mettait pied à terre, donnez-moi simplement votre bras, je marcherai.

» Baptiste, qui avait ensanglanté les flancs de son cheval pour essayer d'atteindre sa maîtresse et de la sauver, Baptiste arrivait enfin.

» Le docteur lui jeta sa bride et offrit galamment son bras à la comtesse Hélène.

» Tous deux se mirent silencieusement en route, et ils arrivèrent à la porte du vieux burg sans avoir échangé un seul mot.

» Là seulement madame de Morangis regarda son cavalier et lui dit :

» — Voulez-vous me permettre, monsieur, de vous inviter à déjeuner chez le concierge du château ?

» Le docteur s'inclina.

» Le concierge était accouru en voyant arriver les deux étrangers, et il s'était empressé de leur ouvrir la porte d'une salle basse où les visiteurs sont généralement introduits et dans laquelle on leur sert à manger.

» Quelques minutes après le docteur rouge et la comtesse étaient installés auprès d'un grand feu de sapin, et seulement alors madame de Morangis, regardant son compagnon face à face, lui dit :

» — Oserai-je à présent, monsieur, vous demander une explication ?

» — Je vous écoute, madame.

» — Je désirerais savoir pourquoi je vous rencontre cinq ou six fois chaque jour sur mon chemin.

» Le docteur la regarda froidement à son tour.

» — Un autre que moi, répondit-il, vous répondrait une banalité, madame, et vous dirait : Je vous aime !...

» — Oh ! monsieur, fit la comtesse avec son accent railleur, cet autre perdrait son temps.

» — Je le sais, madame.

» — Ah !... vous... le savez ?...

» Le docteur rouge garda un moment le silence, puis il reprit :

»—Avez-vous entendu dire, madame, que chaque créature humaine avait un Sosie, c'est-à-dire une créature qui lui ressemblait traits pour traits.

» — Oui, monsieur.

» — Il est des hommes qui ont leur Sosie tout près d'eux, d'autres qui ne le retrouveraient qu'aux antipodes.

»— Je suis probablement dans ce cas-là, fit la comtesse en riant, je ne connais personne qui me ressemble.

»—Au physique, non, madame. Mais,

au moral, il est un homme qui a la même nature que vous.

» — Et.. cet homme ?

» — Il vient des antipodes, madame, c'est *moi*!

» Le docteur prononça ces mots avec un accent de conviction qui fit tressaillir la comtesse.

» — C'est moi, reprit-il, et je vous suivais, madame, parce que nos destinées sont unies dans l'avenir par un lien mystérieux...

» Et tenez, acheva-t-il avec son rire sarcastique, tenez, je vais vous étonner, madame, car je vais vous dire toute votre histoire...

» — Oh! je vous en défie! répliqua la comtesse ricanant à son tour. Dieu seul et moi la savons.

» — Je la sais aussi et je vais vous la dire. Ecoutez...

» Mme la comtesse Hélène de Morangis n'avais ni frissonné, ni pâli en présence de l'abîme où Fowler allait la précipiter, et cependant elle se sentit inquiète et comme fascinée sous le regard du docteur rouge.

» — Quel est donc cet homme ? pensa-t-elle.

CHAPITRE SIXIÈME.

VI

Le comte Paul de Morangis s'arrêta un moment, et, tout rêveur, il jeta la fumée de son cigare au plafond:

— Moi aussi, se dit-il, je me demande quel est cet homme?

Et il reprit la lecture du manuscrit trouvé sur la cheminée.

CHAPITRE DEUXIÈME.

« Un moment dominée par l'œil fascinateur du docteur rouge, la comtesse ne tarda point à retrouver son sang-froid.

»— Eh bien! dit-elle, voyons? et si vous dites vrai, je vous proclame sorcier.

» — Je le suis peut-être...

» — Bah! fit-elle en riant, je suis un esprit-fort, moi, docteur... du moins on le dit.

» — On a raison, madame.

» — Ah! vous en convenez?

» — J'ajouterai que vous êtes une femme aussi intelligente qu'insensible.

» La comtesse eut un mouvement de surprise.

» — Ah! prenez garde! dit-elle, c'est presque de l'impertinence...

» — Vous m'avez autorisé, madame, à vous raconter votre histoire.

» — C'est vrai.

» La comtesse se leva du coin du feu et s'approcha de la croisée ogivale, à vitraux de couleur, qu'elle entr'ouvrit.

» La pluie tombait à torrents; les éclats de la foudre se succédaient sans relâche.

» — Cet orage durera longtemps, murmura la jeune femme en refermant la fenêtre et revenant vers la cheminée : j'ai le temps de vous écouter, docteur ; parlez...

» — Madame, reprit le Brésilien, permettez-moi, avant que je commence, de vous faire une simple observation.

» — Je vous écoute.

» — Je vais vous révéler d'étranges particularités sur votre vie, et peut être vous repentirez-vous..... de m'avoir écouté.

» — Non, docteur.

» — Vous me le jurez?

» — Je vous le jure.

» — Et vous ne me demanderez point comment il se fait que je suis le maître de vos secrets?

» — Ah! pardon, dit la comtesse, ceci devient plus grave : il me semble...

» — Madame, dit froidement le docteur, je pose cette condition comme absolue. Si vous ne l'acceptez pas, je me tais.

» La comtesse Hélène de Morangis se révoltait intérieurement de l'espèce d'ascendant que cet homme semblait exercer sur elle; mais la curiosité l'emporta.

» — Et bien! soit, dit-elle, je me figurerai que vous êtes sorcier.

» — Je le suis peut-être, madame.

» Et le docteur, qui avait prononcé

ces mots avec un calme parfait, commença ainsi :

» — Il y a environ cinq ans, vivait à Auxerre, en Bourgogne, un vieux capitaine de cavalerie qui se mommait M. de Coursière.

» Une pension de douze cents francs, quinze cents francs de revenu et une petite maison bâtie sur la promenade près de la porte des Glainies composait tout son avoir.

» M. de Coursière était veuf, mais il

avait une fille fort belle, fort spirituelle, parfaitement bien élevée et qui sortait de Saint-Denis.

» — Comment pouvez-vous savoir tout cela ? exclama la comtesse.

» — Ah ! madame, dit le docteur rouge, voilà que déjà vous manquez, en m'interrogeant, à la promesse que vous venez de me faire.

» — C'est juste ; continuez, docteur.

» — Monsieur de Coursière était un homme modeste en son ambition et qui avait placé tout son orgueil, toutes ses affections en sa fille.

» Mlle Hélène passait à juste titre, dans la ville d'Auxerre, pour une jeune personne accomplie, de mœurs irréprochables et de vertu farouche. Comme elle n'avait pas de dot, quelques jeunes gens à la tête d'une honnête fortune de province, c'est-à-dire de sept à huit mille francs de revenu, s'étaient hasardés, les uns après les autres à demander sa main.

» Mlle Hélène avait refusé tous ces prétendants.

» Un jour, M. de Coursière, qui voulait mettre un terme à ces demandes en mariage, déclara que sa fille était fiancée dès son bas âge à son neveu germain, le baron Hubert, lieutenant dans un régiment d'infanterie.

» Ce mariage plaisait au vieil officier. Il y avait mieux : il avait juré à la baronne Hubert sa sœur, la veille de sa mort, que jamais sa petite Hélène n'aurait d'autre mari que son fils.

» Mlle Hélène de Coursière avait dix-neuf ans ; le baron Charles Hubert, vingt-cinq.

» Ce dernier était très-épris de sa cousine, et attendait avec impatience ses épaulettes de capitaine.

» M. de Coursière s'était prononcé : il ne voulait pas lui donner sa fille avant qu'il eût obtenu ce grade.

» Or, un matin, les paisibles Auxerrois furent éveillés par la fanfare d'un régiment qui entrait en ville et longeait la rue de Paris.

» Ce régiment était celui de Charles Hubert, qui venait tenir garnison à Auxerre.

» M. de Coursière, averti la veille par un mot de son neveu, avait fait lever Hélène à la pointe du jour, et l'avait conduite à la rencontre de son cousin.

» Le père et la fille se donnant le

bras étaient sortis de la ville par la porte de Paris, et ils avaient rencontré le régiment au bas de la montée.

» Deux jeunes officiers marchaient en tête du premier peloton.

» L'un jeta un cri de joie en apercevant M. de Coursière et sa fille, et courut à eux les bras ouverts.

» C'était Charles Hubert.

» L'autre se tint discrétement à l'écart pendant quelques minutes, jusqu'à ce que le jeune lieutenant, le prenant par la main, eût dit à son oncle et à sa cousine.

» — Je vous présente le comte de M..., mon meilleur ami, mon frère d'armes.

» Le jeune officier s'inclina devant Hélène et son père avec une courtoisie parfaite.

» — Mon ami de M..., poursuivit Charles Hubert, vous paraîtra, mon oncle, un militaire du bon vieux temps et de la vieille roche. Il aurait pu être attaché d'ambassade, car il est le neveu d'un pair de France, ou bien vivre fort tranquillement à Paris de ses trois cent mille francs de rente; mais il aime le métier pour le métier, et il préfère demeurer sous-lieutenant.

» — C'est beau! murmura l'ancien officier de cavalerie.

» Mlle Hélène de Coursière avait regardé fort attentivement l'ami de son fiancé, du moment où elle avait appris qu'il avait trois cent mille francs de rente.

» Le comte de M... était un tout jeune homme, grand, beau garçon, d'une rare distinction de manières.

» L'homme riche et l'homme de race se fondaient parfaitement en lui.

» — Monsieur le comte, lui dit M. de Coursière, voulez-vous nous faire l'honneur de déjeuner avec nous et votre ami Charles?

» — Volontiers, commandant, répondit le jeune homme qui attachait un regard ardent sur Mlle Hélène, dont l'attention était maintenant attirée par un élégant cabriolet à pompe d'Ehrler, attelé d'un magnifique cheval irlandais, et qu'un domestique en livrée conduisait à la suite du bataillon. C'était le cabriolet du comte de M... Hélène soupirait et se disait mentalement :

» — La femme qui épousera le comte de M... aura trois cent mille livres de rente; elle sera comtesse, — comtesse de l'ancien régime, — elle aura des chevaux, un carrosse, un salon où le monde élégant se pressera; elle sera duchesse, pairesse, on la citera comme une reine de la mode; — le monde se prosternera devant elle...

» Et, après un soupir la jeune fille ajoutait :

» — La femme qui épousera le capitaine Charles Hubert sera condamnée à suivre son mari de garnison en garnison, sans jamais avoir d'autre foyer qu'un appartement garni; elle vivra médiocrement des appointements de son mari et des trois ou quatre mille francs de rente que leurs fortunes réunies constitueront.

» Elle sera condamnée à une vie obscure en province, changeant de résidence tous les deux ans, s'en allant du nord au sud et de l'est à l'ouest.

» Cette femme... c'est moi !...

. . . .

» Or, un mois environ après l'arrivée du régiment du lieutenant Charles Hubert à Auxerre, vers huit heures du soir en plein mois de novembre, un brouillard humide couvrait les deux rives de l'Yonne et les rues tortueuses de la ville d'Auxerre.

» Deux jeunes gens, marchant d'un pas rapide, après avoir traversé la place des Fontaines, gagnèrent la rue des Glainies et frappèrent à la porte de la maison dont M. de Coursière occupait le rez-de-chaussée, le premier étage et le jardin.

» Une vieille servante vint ouvrir.

» — Ah! monsieur Charles, dit-elle en voyant entrer le premier des deux jeunes gens, vous faites bien d'arriver.

» — Pourquoi cela, ma bonne Marianne? demanda le lieutenant.

» — Parce que je vous ai cherché pendant une heure dans toute la ville sans vous trouver.

» — Bah ! fit Charles en riant.

» — Je suis allé à la caserne, au café, à la pension, chez M. le comte, partout...

» — Nous venons de nous promener, répondit le lieutenant. Mais pourquoi m'as-tu donc cherché, Marianne ?

» — Parce que le commandant voulait vous parler,

» — Ah !

» — Et qu'il a reçu des lettres de Paris.

» Charles Hubert n'en voulut point entendre davantage, il s'élança sur l'escalier à balustrade de fer ouvragé, et, suivi de son ami, le comte de M..., il gagna rapidement le premier étage et pénétra comme une bombe dans le salon.

» Hélène brodait au métier devant la cheminée.

» Plongé dans un grand fauteuil, le commandant lisait la gazette du jour.

» A la vue des deux jeunes gens, le vieil officier eut un sourire malicieux.

» — Ah! mon pauvre ami, dit-il à son neveu, tu n'as pas le moindre *flair*, en vérité.

» — Pourquoi, mon oncle? demanda le jeune homme qui venait d'envelopper Hélène d'un regard d'amour.

» — Mais, répondit le commandant, parce que tu devrais être ici depuis une heure.

» — Ah! ah! et... pourquoi?...

» Pour toute réponse, le commandant étendit la main sur la tablette de la cheminée et y prit une lettre qu'il tendit à son neveu.

» Cette lettre portait le timbre et le sceau du ministère de la guerre.

» Elle était d'un chef de division qui écrivait ces lignes à M. de Coursière :

« Mon cher camarade,

» Ma lettre ne précède que de quel-
» ques heures l'apparition du numéro

» du *Moniteur* où vous lirez la promo-

» tion de votre neveu, le baron Charles

» Hubert, au grade de capitaine... »

» Charles n'alla pas plus loin : il poussa un cri de joie et se précipita dans les bras de ton oncle.

» — Ça, mon enfant, dit le vieil officier, voici l'heure venue, je crois, où je vais cesser d'être ton oncle...

» — Mon père, s'écria le futur capitaine, qui prit la main d'Hélène et la porta à ses lèvres avec transport.

» Hélène était fort pâle.

» — Le bonheur l'empêche de proférer une parole, murmura M. de Coursière.

» M. de Coursière se trompait. Hélène était fort pâle parce qu'elle songeait qu'avant un mois elle serait la femme de son cousin et condamnée pour toujours à une existence obscure.

» Derrière le commandant, derrière Charles Hubert, l'œil investigateur et froid de la jeune fille avait aperçu M. le comte de M..,

» Ce dernier avait la blancheur mate d'une statue ; ses lèvres étaient agitées par un frémissement convulsif. Tout son corps tremblait.

» — Comme il m'aime ! pensait-elle.

» Et, en effet, depuis qu'il l'avait vue pour la première fois, M. de M... adorait Hélène.

. . . .

» Quelques heures après, M. le comte

de M... et son ami Charles Hubert avaient quitté la demeure du vieux commandant de Coursière.

» Le père d'Hélène, qui avait contracté en province l'habitude de se coucher de bonne heure, avait gagné sa chambre. La jeune fille était demeurée au salon.

» Longtemps elle demeura au coin du feu, la tête dans les mains, en proie à une sorte de torpeur morale et physique.

» Hélène ne se dissimulait point sa position : depuis son enfance, elle avait été faite à l'idée qu'elle épouserait un jour son cousin. Son père l'entendait ainsi, et elle savait que rien ne le ferait revenir sur sa détermination.

» D'ailleurs, Hélène savait encore que, malgré le violent amour qu'elle avait inspiré au comte de M... celui-ci préférerait mille fois la mort à l'aveu de cet amour.

» Il était l'ami de Charles : cela disait tout.

» La jeune fille se leva tout à coup, comme si elle eût obéi à un de ces pressentiments étranges qui nous assaillent aux heures solennelles de la vie.

» Elle avait besoin d'air et de mouvement. Elle quitta le salon et descendit dans le petit jardin attenant à la maison.

» Ce jardin n'était séparé que par un

mur de dix pieds d'une ruelle déserte qui conduit à la *promenade*...

» Arrivé en cet endroit de son récit, le docteur rouge s'arrêta et regarda Mme de Morangis.

» La comtesse était silencieuse, le sourcil froncé, les lèvres serrées, et son regard était farouche.

» — Cette histoire vous intéresse t-elle, madame ? demanda le docteur.

» La comtesse ne répondit pas.

» — Remarquez, poursuivit l'étrange

personnage, que la pluie tombe à torrents, et qu'il est fort triste de passer la journée ici sans causer...

» En parlant ainsi, le docteur s'était, à son tour approché de la fenêtre, et il écoutait le vent qui mugissait dans les créneaux du vieux manoir, fermant parfois ses yeux éblouis, quand la foudre déchirait les nuages noirs à l'horizon.

» — Continuez, dit sèchement la comtesse.

» — Alors, madame, fit le docteur avec ironie, je vais vous raconter l'histoire de la nuit du 14 octobre, car, — ma mémoire est fidèle, — ce fut le 14 octobre 182... que Mlle Hélène de Coursière descendit dans le jardin de la maison que son père possédait rue des Glainies.

» La comtesse était livide, mais elle se rassit.

CHAPITRE SEPTIÈME.

VII

Le docteur rouge, disait le manuscrit, continua ainsi :

« La soirée était pluvieuse et sombre ; mais Mlle de Coursière avait la tête en feu, et ce fut avec une sorte de volupté qu'elle exposa sa tête nue à la pluie et au vent de la nuit.

» Le jardin était planté de vieux arbres; l'un d'eux s'élevait si près du mur de clôture qui le séparait de la rue, qu'il était facile de s'établir à califourchon sur une de ses branches, et de sauter de là en dehors ou en dedans. Le vieux commandant en avait fait souvent la remarque, disant :

» — Il faut décidément que je fasse

couper cet arbre. Au premier jour on s'introduira dans le jardin et on nous dévalisera.

» Hélène se promenait à grands pas dans le jardin lorsque, tout à coup, elle entendit un léger bruit derrière elle et se retourna effrayée.

» Une forme noire, la silhouette d'un homme enveloppé dans un manteau se dégagea des vieux arbres et vint droit à elle.

» L'effroi qu'éprouva la jeune fille fut

tel, d'abord, qu'elle n'eut point le courage de crier et d'appeler à son aide.

» L'homme au manteau s'approcha rapidement, et Hélène entendit ces paroles murmurées à mi-voix :

» — Ne craignez rien, mademoiselle, je suis un ami.

» Hélène regarda cet homme, il avait rabattu sur son visage le capuchon de son burnous, et il fut impossible à la jeune fille de distinguer ses traits.

» — Qui êtes-vous ?... balbutia-t-elle.

» — Un ami.

» — Que me voulez-vous? pourquoi êtes-vous ici?

» Et la voix d'Hélène tremblait encore.

» — Je vous apporte la fortune, répondit l'inconnu.

» Hélène tressaillit et recula d'un pas.

» — Mademoiselle, poursuivit l'étrange interlocuteur de mademoiselle de Coursières, les minutes valent parfois des heures, et je n'ai pas le temps de vous faire un long discours.

» — Mais... que me voulez-vous ?

» — Je veux que vous m'écoutiez, dit l'inconnu dont la voix avait un accent d'autorité.

» — Parlez donc, monsieur, murmura la jeune fille qui subissait déjà une sorte de fascination mystérieuse.

» — Vous ne me connaissez pas, poursuivit l'homme au manteau. Vous ne me connaîtrez probablement jamais. Je puis donc vous parler avec une certaine audace.

» — Monsieur !...

» L'inconnu prit la main d'Hélène, et poursuivit :

» — Vous ne me connaissez pas, vous, mais moi je vous connais ; il y a mieux, je sais ce que vous pensez.

» Hélène retira vivement sa main.

» — Je le sais, continua l'inconnu, et je vais vous le dire.

» Il avait repris la main d'Hélène, et en proie à une domination inexplicable, la jeune fille se laissa conduire vers une petite serre élevée au fond du jardin.

» — Il pleut et le temps est froid, dit l'inconnu. Ici nous aurons plus chaud et nous serons à l'abri.

» Il fit asseoir Hélène sur un banc et se plaça près d'elle.

» Certes, à première vue, il est difficile de concevoir qu'une jeune fille aussi sévèrement élevée que mademoiselle de Coursières, put ainsi suivre un homme qu'elle ne connaissait pas, qui cachait soigneusement son visage et qui lui parlait d'un ton frisant l'impertinence. Mais cet homme lui avait dit : « Je vous apporte la fortune, » et mademoiselle de Coursières avait été fascinée.

» Quand elle se trouva dans la serre, avec lui, elle eut même une certaine audace et lui dit d'un ton hautain et railleur à la fois :

» — Vraiment? Vous savez ce que je pense?

» — Oui, mademoiselle.

» — C'est difficile.

» — Je le sais. Ecoutez plutôt. Vous pensiez, au moment où je vous ai abordée, que la nécessité où vous vous trouviez d'épouser votre cousin le lieutenant Charles Hubert...

» Hélène tressaillit.

» — Vous rendait la plus malheureuse des femmes, ajouta l'inconnu. Et, en effet, poursuivit-il après un moment de silence, pendant lequel Hélène tint les yeux baissés, il est fort dur, pour une jeune fille comme vous, parfaitement bien élevée, parfaitement spirituelle et insensible...

» Hélène fit un brusque soubresaut...

» — O mon Dieu! mademoiselle, lui dit son interlocuteur avec calme, ne vous en défendez pas... toute la ville d'Auxerre a cru jusqu'ici et depuis longues années que vous étiez sourde à tous les hommages, parce que vous aimiez votre cousin... mais moi...

» Hélène jeta sur l'inconnu un regard de courroux.

» — Qui donc êtes-vous? répéta-t-elle.

» — Un homme qui vous a devinée, mademoiselle.

» — Ce n'est pas répondre...

» — Et qui veut vous faire comtesse et riche de trois cent mille livres de rente.

» Hélène étouffa un cri et se leva avec vivacité.

» L'inconnu la retint.

» — Ecoutez-moi bien, lui dit-il, car

je vous le répète, mademoiselle, je puis changer votre destinée.

» — Mais... monsieur...

» — Deux hommes vous aiment, continua l'homme au manteau. L'un est votre fiancé, votre cousin, le fils d'adoption de votre père. Celui-là, il vous faudra l'épouser bon gré mal gré, si la providence ou le hasard ne s'en mêlent.

» Hélène soupira profondément.

» —L'autre est le comte Raoul de M..., l'ami de Charles. Le comte est un cœur chevaleresque, une âme des temps héroïques. Il vous aime et mourra de son amour; mais cet amour, Charles l'ignorera, et jamais vous n'en entendrez l'aveu. Vous résisteriez donc en pure perte à votre père, car alors même que vous n'épouseriez point votre cousin, le comte garderait le silence.

» L'inconnu parlait avec un tel accent d'autorité, que la jeune fille l'écoutait et n'avait point la force de protester.

» —Voyons, continua-t-il, soyez franche, car de votre franchise dépend l'avenir.

» — Que voulez-vous savoir? demanda-t-elle.

» — Aimez-vous Charles Hubert?

» — Non, dit-elle.

» — Si le comte pouvait devenir votre époux, l'aimeriez-vous?

» — Peut-être...

» Hélène prononça ces derniers mots d'une voix étouffée.

» — Hé bien! reprit l'homme au manteau en se levant, laissez faire le hasard, mademoiselle. Si vous gardez un silence profond sur notre entrevue, vous serez comtesse de M... un jour.

» — Mais qui donc êtes-vous? répéta mademoiselle de Coursières pour la troisième fois.

» — Je suis le Hasard, répondit-il.

» Il fit deux pas vers la porte de la serre puis revint brusquement.

» —Tenez, dit-il, je vous connais trop bien pour craindre de vous une trahison; — je vais vous dire qui je suis.

» Il se rassit sur le banc auprès d'Hélène :

» — Je suis un soldat de fortune, poursuivit-il ; je ne suis pas Français, je suis né à Naples. Le hasard m'a poussé à m'engager dans l'armée française, il y a tantôt vingt ans. Je suis un vieux sous-lieutenant, ce qu'on appelle une *croûte*, en argot de régiment.

» — Vous êtes le lieutenant Antonio, n'est-ce pas? demanda Hélène, qui se souvint avoir rencontré à la préfecture, un jour de bal, ce sous-lieutenant aux cheveux gris.

» — Oui, mademoiselle, répondit-il, je ne suis officier que depuis deux ans. J'avais trente-neuf ans passés lorsqu'on m'a donné l'épaulette. Eh bien! parmi mes camarades d'aujourd'hui, mes supérieurs d'hier, il est deux hommes qui ont absorbé à eux seuls tout le fiel et tout l'amour de mon cœur.

» Hélène le regardait avec une âpre curiosité.

» Le sous-lieutenant avait laissé tomber son capuchon en arrière, et ses yeux noirs brillaient comme des charbons.

» — Ah! c'est que, dit-il, je suis né au pied du Vésuve; moi. Je hais violemment, j'aime ardemment. Un homme m'a humilié un jour, il m'a traité avec dédain, il m'a infligé une punition que je ne méritais pas, il m'a cassé de mon grade de sergent-major. J'avais les cheveux déjà gris, il avait vingt ans, lui; il sortait de l'école. Je me suis juré de tuer cet homme le jour où je deviendrais son égal.

» — Et... cet homme... quel est-il? demanda froidement Hélène.

» — C'est votre cousin le lieutenant Charles Hubert.

» — Ah!

» — Un autre a été bon pour moi; il m'a tendu la main, à moi qu'on n'aime pas parce que je suis d'humeur sombre et d'aspect farouche; il m'a ouvert sa bourse, un soir où j'allais me brûler la cervelle, car j'avais perdu au jeu une somme considérable et qu'il m'était impossible de payer. Celui-là, vous le devinez, c'est le comte Raoul de M...

Le lieutenant Antonio se leva de nouveau :

» — Adieu, mademoiselle, dit-il. Jusqu'à présent, l'amitié du comte Raoul de M... a sauvegardé Charles Hubert;

mais j'ai surpris ce soir deux grosses larmes dans les yeux de Raoul. Raoul est venu nous faire ses adieux. Il va passer à Paris quinze jours, et il a promis à Charles de revenir pour son mariage. Seulement, je sais bien, moi, qu'il ne reviendra pas. Arrivé à Paris, il donnera sa démission, à moins que le hasard, dont je suis en ce moment le représentant le plus sérieux, ne se mêle de ses affaires....
Adieu!

» Et le lieutenant Antonio sortit de la

serre, cette fois, et sans regarder en arrière, sans même tourner la tête, il se dirigea vers le grand arbre qui touchait au mur, grimpa après son tronc noueux, se mit à califourchon sur une branche et sauta dans la ruelle qui conduisait à la promenade.

. . . .

» Hélène de Coursières n'avait guères que vingt ans, alors.

» Parfaitement égoïste et sans cœur, elle avait cependant encore un reste de jeunesse et de fraîcheur dans l'âme qui pouvait, jusqu'à un certain point, lutter courageusement contre ses mauvais instincts.

» Quand le lieutenant fut parti, lorsqu'elle fut délivrée de ce charme fascinateur qu'il avait exercé sur elle, la jeune fille éprouva une sorte d'indignation, et sa fierté se révolta.

» —Mais, pensa-t-elle, cet homme est un misérable, et il est simplement venu me prendre pour sa complice ! Il assassinera Charles... Pour qui donc me prend-il !

» Un moment mademoiselle Hélène de Coursières songea à monter chez son père, qui dormait sans doute déjà, et à l'éveiller. Puis elle lui raconterait son entrevue avec le lieutenant Antonio. Alors M. de Coursières se lèverait, irait trouver le comte de M..., et le comte arrêterait Antonio. Quand elle eut formé ce plan, Hélène le discuta et le trouva inapplicable. Raconter tout à son père, c'était lui dire qu'elle n'aimait pas Charles Hubert.

» Alors Hélène songea à sortir sans bruit de la maison et à s'en aller elle-même, seule, enveloppée dans sa mante, jusque chez le comte Raoul de M...

» Le comte demeurait à l'angle de la rue du Pont et de la place des Fontaines, tout près de chez le commandant de Coursières, par conséquent.

» Il était minuit, les rues étaient désertes, bien certainement elle ne serait rencontrée par personne... et le comte était homme d'honneur.

» Mais, néanmoins, mademoiselle de Coursières rejeta ce deuxième plan. Elle trouva qu'une jeune fille de bonne maison ne saurait s'exposer ainsi. Restait un troisième parti : celui-là était d'écrire à M. de M... et d'envoyer la lettre par Marianne la cuisinière.

» Mais Marianne était couchée, et mademoiselle Hélène ne voulut point la réveiller. Marianne était vieille ; il pleuvait, il faisait froid... La pauvre femme pouvait gagner un gros rhume, et même une fluxion de poitrine. De telle sorte que mademoiselle de Coursières quitta le jardin, monta dans sa chambre et se mit fort tranquillement au lit.

» Elle venait de faire cette réflexion que Charles Hubert, son cousin et son fiancé, pouvait tuer Antonio, tout aussi bien qu'Antonio le pouvait tuer.

» Une heure après, Hélène dormait

profondément et rêvait qu'elle était comtesse. »

. . . .

Le docteur rouge, en cet endroit de son récit, s'arrêta encore.

Puis il regarda madame de Morangis.

La comtesse était fort pâle, mais ses yeux lançaient des éclairs.

— Eh bien! madame, demanda le Brésilien, que pensez-vous de cette histoire?

— Absolument rien.

— Pourquoi?

— Parce qu'elle n'est point finie, dit la comtesse avec un sang-froid parfait.

— Aussi vais-je continuer...

— Ah!...

— Si toutefois vous me le permettez, madame.

Et le docteur s'inclina.

— Faites, dit la comtesse.

Elle s'approcha de la croisée et regarda le paysage au travers des vitraux.

Le brouillard dentelait la cîme noire

des sapins ; la pluie tombait toujours à torrents et la foudre ne cessait de gronder.

Madame de Morangis vint se rasseoir au coin de la cheminée, en face du docteur, et le regarda avec une assurance railleuse :

— Comment ! dit-elle, votre histoire a un dénouement, docteur ?

— Oui, madame.

— Eh bien ! voyons ?

Et madame de Morangis se renversa

à demi dans son fauteuil et prit l'attitude d'une femme à qui on va faire un récit des plus intéressants.

Le docteur l'enveloppa d'un regard complaisant et admirateur.

— Vous êtes réellement fort belle, madame, dit-il, et M. le comte de Morangis est un homme fort heureux.

— Je le crois, répondit-elle, toujours froide et railleuse. Mais... voyons la suite de votre histoire, docteur?

— Soit, madame, je vais vous dire ce

qui se passa pendant cette nuit où mademoiselle Hélène de Coursières dormit si tranquillement, en rêvant qu'elle était comtesse.

— Tout cela est fort étrange! murmura le jeune comte Paul de Morangis!

Il alluma un deuxième cigare et poursuivit sa lecture.

CHAPITRE HUITIÈME.

VIII.

Le docteur poursuivit :

« En sortant de chez M. de Coursière, il était alors dix heures du soir environ, ce qui, en province, équivaut au moins à l'heure parisienne de minuit. — Charles Hubert, le fiancé d'Hélène, et son ami, le comte de Morangis, se dirigèrent vers la rue du Temple, à l'entrée de laquelle se trouvait le café des officiers. Pendant le trajet, le comte fut silencieux.

» Charles Hubert, tout entier à sa joie, ne s'apercevait point qu'il parlait tout seul.

» Arrivés à la porte du café, M. de M... lui dit:

» — Entre, je vais jusque chez moi et je reviens. J'ai comme un pressentiment qu'il m'est arrivé des lettres dans la soirée.

» — Va! répondit Charles.

» Et tandis que son ami rebroussait chemin, le futur capitaine entra dans le café.

» Les lieutenants et les sous-lieutenants étaient au complet.

» Les uns jouaient, les autres fumaient, tous causaient assez bruyamment. Le sous-lieutenant Antonio jouait au billard et tournait le dos à la table vers laquelle Charles se dirigea.

» — Bonjour, Hubert, dirent plusieurs voix.

» — Bonsoir, messieurs.

» — On est venu te chercher ici dans la soirée.

» — Je le sais.

» — La cuisinière de ton oncle le commandant, qui voulait te voir...

» — Aussi l'ai-je vu. Et il m'a appris une bonne nouvelle, messieurs.

» — Ah !

» — Une nouvelle que je m'empresse de vous apporter, mes bons, mes chers amis, dit le jeune officier avec une sorte d'expansion.

» — Je gage que je devine? fit un tout jeune homme qui sortait de Saint-Cyr.

» — Voyons? dit Charles en souriant.

» — Vous allez épouser votre cousine.

» — Peut-être...

» — Ce n'est pas cela, dit un autre officier, le commandant a ses idées là-dessus : il veut que Charles soit capitaine avant de lui donner sa fille.

» — Eh bien, messieurs, répondit Charles, il paraît que je le suis.

» A ces paroles, le sous-lieutenant Antonio, qui semblait très occupé de sa partie de billard, tressaillit vivement et se retourna.

» — Oui, mes amis, continua Charles

Hubert, il paraît, d'après une lettre que mon oncle vient de recevoir, il paraît, dis-je, que ma nomination sera au *Moniteur* sous trois jours.

» — Bravo ! dirent plusieurs voix.

» En ce moment la porte du café s'ouvrit et le comte de M... entra.

» — Tiens, dit le jeune homme tout frais arrivé de Saint-Cyr, voilà de M... qui va être ravi.

» — Je sais tout, et je suis ravi, en effet, dit le comte.

» Antonio se retourna en entendant la voix du comte, comme il s'était retourné lorsque Charles Hubert avait parlé de sa nomination au grade de capitaine.

» Le vieux sous-lieutenant jeta à la dérobée un regard sur le comte. M. de M... était fort pâle.

» Antonio devina tout.

» — Ah! mes amis, disait Charles Hubert, ce n'est point de ma nouvelle épaulette que me vient, en ce moment, la joie qui m'emplit le cœur... C'est que cette épaulette était fixée devant moi comme un but à atteindre...

» — Et que, dit le comte avec calme, tu seras marié avant un mois.

» — Je l'espère bien.

» Aucun des officiers n'avait deviné dans la voix du comte de M... une terrible et douloureuse émotion.

» Seul, Antonio avait compris.

» — Eh bien! mon ami, dit le comte, s'adressant toujours à Charles Hubert, pendant que tu vas te marier, je voyagerai, moi.

» — Hein? fit Charles.

» — Que dites-vous donc, comte?

» — Je dis, mes amis, que je viens de passer chez moi...

» — Eh bien?

» — Et que j'y ai trouvé une lettre qui porte les timbres de Madrid et de Barcelone.

» — Bah! fit Charles Hubert, qui donc peut t'écrire d'Espagne?

» — Un notaire qui m'annonce la mort d'un parent éloigné de ma mère, parent que je n'ai jamais vu, dont j'avais à peine entendu parler, et qui, cependant, vient de me faire son héritier.

» — Ma parole d'honneur! s'écria un sous-lieutenant qui n'avait que sa solde et point de fortune, c'est bien le cas de dire que l'eau va toujours à la rivière...

» —Aussi, messieurs, je pars demain matin.

» —Allons donc!

» — Parole d'honneur! Le colonel, qui, vous le savez, habite la même maison que moi, et qui rentrait chez lui au moment où je descendais, m'a accordé une permission de huit jours. Pendant ces huit jours, il me sera facile d'obtenir à Paris, au ministère, un congé de deux mois.

» Charles Hubert paraissait consterné.

» — Mais, dit-il, tu n'as pas besoin de deux mois pour aller en Espagne et en revenir.

» — Non, répondit M. de M...; aussi ferai-je tous mes efforts pour revenir à temps et te servir de témoin à ton mariage.

» Puis le comte ajouta :

» —Vous savez, messieurs, que la diligence de Paris part à quatre heures du matin; il est onze heures passées, et j'ai renoncé à me coucher, moi. Qui veut me tenir compagnie? Nous allons allumer des cigares et boire du punch chez moi, pendant que mon valet de chambre fera mes malles.

» — Mais nous tous, dirent quatre ou cinq voix.

» Antonio s'approcha du comte:

» — Excepté moi, dit-il.

» — Pourquoi donc, mon ami?

» — Parce que j'ai une migraine folle

et que je vais dormir deux ou trois heures. Mais soyez tranquille, mon cher comte, je serai à la diligence et je vous serrerai la main.

» — Soit, dit M. de M...

» Antonio sortit, et tout le monde pensa qu'il allait se coucher, comme il l'avait dit.

» Les autres officiers accompagnèrent M. de M... chez lui.

» Le jeune comte avait loué tout le second étage d'une vieille et belle maison dont le premier étage était occupé par le colonel. Il l'avait décoré avec goût, meublé avec recherche. Il y donnait souvent des fêtes à ses camarades.

» Ces messieurs s'installèrent dans un fumoir, autour d'une table qui supportait un souper improvisé, et leur hôte essaya d'oublier *inter pocula* le véritable motif qui allait le conduire en Espagne.

» A quatre heures du matin, le comte de M..., chaudement enveloppé dans une pelisse doublée de fourrure, était escorté à la diligence par tous ses camarades.

» Le sous-lieutenant Antonio se trouvait le premier au bureau des messageries.

» M. de M... embrassa cordialement Charles Hubert, serra toutes les mains qu'on lui tendait, monta dans le coupé qu'il avait fait retenir tout entier pour lui et son valet de chambre, enfonça son bonnet de police sur ses yeux, et, lorsque la diligence s'ébranla et roula à grand bruit sur le pavé de la rue de Paris, le pauvre jeune homme fondit en larmes :

» — Mon Dieu! murmura-t-il, comme je l'aime! Et ne plus la revoir!...

» Le comte croyait abandonner Auxerre pour jamais, ne plus revoir Hélène, quitter le servive et chercher dans les voyages lointains un apaisement à sa douleur.

» L'héritage du parent espagnol

était une fable à l'aide de laquelle il avait motivé son brusque départ.

. . . .

» Quand la diligence qui emportait le comte de M... eut disparu à l'angle de la rue de Paris, les sous-lieutenants et les lieutenants se souhaitèrent réciproquement bonne nuit, et chacun d'eux s'apprêtait à regagner son domicile et à s'aller coucher, lorsque Antonio leur dit :

» — Pardon, messieurs, j'ai besoin de votre avis.

» — A propos de quoi? demanda-t-on.

» — Un lieutenant ne peut pas, aux termes du code militaire, se battre avec un capitaine?

» — Non, certes.

» — A moins, répondit un autre officier, que le capitaine y consente.

» — Je sais cela. Mais supposons que le capitaine refuse le duel?

» — Il faut alors, dit Charles Hubert, que l'officier insulté donne sa démission et rentre dans la vie civile. A partir de ce moment, il peut se battre.

» — Mais, dit encore Antonio, supposons ceci : J'ai eu avec le lieutenant Charles Hubert une querelle, — remarquez que c'est une supposition...

» — Parbleu ! dit Charles.

» — Hubert est lieutenant... il peut se battre avec moi. Mais, à l'heure où nous sommes, sa nomination au grade de capitaine est un fait acquis...

» — Non pas, dit Charles Hubert en riant, tant que le *Moniteur* ne sera point parvenu...

» —Vous ne serez que lieutenant?

» — Sans doute.

» — Ainsi, vous pourriez vous battre avec moi?

» — Certainement. Mais pourquoi diable me demandez-vous tout cela?

» Antonio avait été calme, indifférent

jusque-là. Sa voix n'avait pas trahi la moindre émotion.

» Tout à coup il changea brusquement d'attitude.

» — Je vous demande cela, fit-il, parce que je vous ai voué une haine à mort, et que si je n'ai point cherché plus tôt à l'assouvir, c'est que l'amitié du comte de M... vous protégeait. Le comte est parti : à nous deux !

» Et soudain, avant que personne eût songé à s'interposer, Antonio leva la main et frappa Charles Hubert au visage. Le jeune officier jeta un cri d'indignation, recula et porta la main à la garde de son épée.

» — A la bonne heure! voilà ce que je voulais, dit Antonio. Descendons au bord de l'Yonne, du côté de la préfecture... Nous avons plus de témoins qu'il ne nous en faut.

» Charles Hubert avait reçu un soufflet, il n'y avait pas de loi humaine qui pût l'empêcher de se battre.

» Ses camarades, qui le préféraient de beaucoup à Antonio, dont l'humeur sauvage leur déplaisait, le suivirent avec l'espoir que le provocateur serait châtié.

» On descendit sur la berge de la rivière, en aval, et on s'arrêta un peu au-dessous de l'hôtel de la préfecture, comme l'avait indiqué Antonio.

» Le jour commençait à naître.

» Les deux adversaires se dépouillèrent de leur capote d'uniforme et mirent l'épée à la main.

» Antonio avait été prévôt d'armes au régiment. Il avait un jeu perfide et brutal tout à la fois.

» Charles Hubert tirait médiocrement ; de plus, le jeune homme qui venait de recevoir un soufflet n'avait plus son sang-froid.

» Le combat fut court : à la troisième passe, le malheureux fiancé d'Hélène fut atteint en pleine poitrine, jeta un cri, laissa échapper son épée et tomba roide mort... »

Voilà, madame, acheva le docteur en ricanant, ce qui se passa durant cette nuit où mademoiselle Hélène de Coursières dormit d'un si profond sommeil.

Maintenant, faut-il vous dire que mademoiselle de Coursière est devenue comtesse de Morangis ?

— C'est inutile, monsieur.

La comtesse prononça ces mots d'un ton sec, et se leva :

— Monsieur, dit-elle au docteur avec calme, et toujours railleuse, il me semble que l'orage a cessé.

— C'est vrai, madame.

— Par conséquent, je crois que nous pouvons reprendre la route de Bade.

— Je suis à vos ordres.

— D'autant mieux que mon mari arrive ce soir.

— Ah!

— Et que j'ai hâte de le revoir.

Un sourire moqueur glissa sur les lèvres du docteur rouge.

— L'amour, dit-il, a de ces empressements.

Et il se leva à son tour, prit la main de la comtesse et la baisa :

— Adieu, madame, dit-il. Si votre mari arrive ce soir, je vous dirai, moi, que je compte partir demain.

— Bah ! est-ce que c'est lui qui vous fait fuir ?

— Nullement.

— Où donc allez-vous?

— Aux sources du Danube, d'abord; aux bords de la mer Noire, ensuite. Mais, rassurez-vous, madame... nous nous reverrons.

La comtesse eut un franc éclat de rire.

— Ah çà! dit-elle, pensez-vous que vous aurez à me conter un second chapitre de ce que vous appelez mon histoire?

— Peut-être...

— Ah! par exemple, je vous en défie!

Le docteur souriait toujours.

— Tenez, dit-il, j'ai comme le pressentiment que, dans quelques mois, je jouerai un rôle actif dans votre destinée. Adieu, madame! au revoir, plutôt; et puisque vous n'avez plus de cheval, permettez-moi de vous offrir le mien...

. . . .

Le lendemain, en effet, le docteur rouge quittait Bade et écrivait à madame de Morangis :

« J'aurai l'honneur, madame, de me
» présenter chez vous, à Paris, l'hiver
» prochain.

» Si, par hasard, vous aviez besoin
» de moi d'ici là, vous pourriez m'écrire
» soit à Vienne, soit à Bucharest, poste
» restante.

» Je baise vos deux mains.

» Samuel. »

— L'insolent! murmura la comtesse.

. . . .

« Plusieurs mois s'étaient écoulés depuis la rencontre de la comtesse de Morangis avec le docteur rouge au château d'Elberstein.

» La comtesse ne se souvenait même plus de cet étrange et terrible personnage que comme on se souvient d'un mauvais rêve.

» Elle avait quitté Bade, elle était revenue à Paris, et le monde s'était repris à l'entourer de ses hommages et de ses adorations.

» Le comte avait définitivement renoncé à la carrière diplomatique et donné sa démission d'attaché d'ambassade, comme jadis il avait quitté la carrière des armes.

» M. et Mme de Morangis habitaient dans l'avenue des Chamqs-Elysées un charmant petit hôtel entre cour et jardin dans lequel ils donnaient tout l'hiver des fêtes magnifiques.

» Or, un soir, — on touchait alors à la fin du mois de janvier, — Madame la comtesse Hélène de Morangis, prise d'une légère migraine, était restée chez elle, au lieu d'accompagner son mari à l'ambassade d'Espagne, où il y avait grande réception.

» Dix heures venaient de sonner à la pendule de son boudoir, lorsqu'un coup de cloche se fit entendre au dehors.

» Ce coup de cloche annonçait l'arrivée d'un visiteur.

» Madame de Morangis tressaillit et

fut agitée d'un vague pressentiment, ni plus ni moins que si elle se fût trouvée en quelque vieux château de province, isolé au milieu des bois.

» — Qui donc peut venir ce soir, pensa-t-elle.

» Un domestique survint apportant une carte sur un plateau. La comtesse prit la carte et pâlit. Elle venait de lire ce nom :

» *Le docteur Samuel.*

» — Madame la comtesse veut-elle

recevoir ce monsieur? demanda le valet.

» La comtesse hésita :

» — Non, dit-elle.

» Le valet fit un pas vers la porte; elle le rappela :

» — Faites entrer.

» La comtesse s'était ravisée, ou plutôt elle obéissait à cet étrange ascendant que le docteur rouge semblait exercer sur elle.

» Le valet sortit et, pendant quelques

secondes, Madame de Morangis fut en proie à un trouble inexprimable.

» Cet homme savait tous les secrets de sa vie, et, jusqu'à un certain point, il pouvait, si la fantaisie lui en prenait, intervenir dans sa destinée. Mais les terreurs de la comtesse étaient de courte durée; elle savait fort bien, au dernier moment, se contenir, se dominer, avoir un visage calme, un regard glacé. Lorsque le docteur entra, elle avait aux lèvres son sourire railleur; elle lui tendit la main avec une sorte d'ironie.

» — Bonjour, docteur, dit-elle.

» L'homme étrange baisa cette main qu'on lui tendait.

» — Pardonnez-moi, madame la comtesse, lui dit-il, si j'ose me présenter chez vous à cette heure indue.

» Elle le regarda en souriant.

» — Vous ne faites rien comme tout le monde, dit-elle. Pourquoi donc m'étonnerais-je de votre visite ?

» — C'est juste, répondit le docteur, en prenant le siége qu'elle lui indiquait du geste.

» — D'où venez-vous, docteur?

» — De Constantinople, madame.

» — Où allez-vous?... Car, fit la comtesse avec son rire moqueur, vous êtes un peu comme le juif errant, et vous voyagez sans cesse pour soutenir votre réputation d'excentrique.

» — Madame, répondit le docteur, je

suis arrivé ce matin à Paris; je repars demain soir.

» — Ah!... Et où allez-vous?

» — Aux Indes, étudier une plante qui a m'a-t-on dit, de merveilleuses propriétés médicinales. Je suis logé à Paris, dans la rue Saint-Honoré, à l'hôtel du Luxembourg. Si le hasard voulait, madame, que vous eussiez besoin de moi...

» — Ah! docteur, quelle idée!...

» — On m'y trouvera demain jusqu'à

huit heures du soir, acheva le Brésilien avec un calme qui fit de nouveau tressaillir la comtesse.

» — Ecoutez, docteur, dit-elle après avoir gardé un moment de silence, vous êtes un homme extraordinaire, je n'en disconviens pas...

» — Merci, madame.

» — Et vous m'avez raconté un jour, à Bade, il y a cinq ou six mois, une histoire... que personne au monde...

» Le docteur eut un geste qui signifiait :

» — Laissons cela, madame.

» — Or, reprit la comtesse, je vous ai proclamé sorcier.

» — Je le suis, dit froidement le Brésilien J'ai étudié, en Amérique la science mystérieuse des *médiums*.

» — Bien. Passons. Mais je vous déclare aujourd'hui, docteur, que je ne veux plus rien savoir, ni du passé, ni du présent, ni de l'avenir.

» — Vous pourriez avoir tort, madame.

» La comtesse haussa les épaules :

» — Tenez, dit-elle, vous me connaissez, je suis insensible, je n'ai pas de cœur. J'ai fait d'un cadavre un marchepied à mon ambition. Mon ambition est satisfaite ; je suis riche, entourée, aimée, moi qui n'aime personne. Cela me suffit.

» — Et... vous ne redoutez rien ?...

» — Rien, dit-elle d'un ton sec,

» Le docteur se leva :

» — Adieu, madame, dit-il, laissez-moi vous répéter que je serai jusqu'à demain soir à votre disposition.

» — Adieu, docteur, répondit la comtesse toujours railleuse, et puisque vous partez pour les Grandes-Indes, bon voyage ! car il est probable que nous ne nous reverrons pas de longtemps.

» — Vous vous trompez, madame. Il

est probable que vous m'enverrez chercher demain.

» Le docteur salua et sortit, laissant Madame de Morangis stupéfaite de son assurance...

» Quand le bizarre personnage fut parti, la comtesse se sentit saisie d'une vague terreur :

» — Cet homme est venu ici, se dit-elle, comme un oiseau de mauvais augure. Il est venu m'annoncer un malheur... Que peut-il donc m'arriver? Les gens sans cœur ne sont jamais malheureux... je suis folle! Cet homme s'est moqué de moi...

» Et la comtesse sonna et demanda sa femme de chambre.

» Comme elle passait de son boudoir dans sa chambre à coucher, elle entendit le roulement d'une voiture dans la cour.

» C'était le comte qui rentrait. »

FIN DU PREMIER VOLUME

Argenteuil — Impr. Worms et Cie.

NOUVEAUTÉS EN LECTURE
DANS TOUS LES CABINETS LITTÉRAIRES.

Les Mystères de la Conscience, par Étienne Énault. 4 vol. in-8.
Les Gandins, par le vicomte Ponson du Terrail. 6 v. in-8
L'Homme des Bois, par Élie Berthet. 6 vol. in-8.
Les trois Fiancées, par Emmanuel Gonzalès. 3 vol. in-8.
Les Marionnettes du Diable, par X. de Montépin, 6 vol.
Le Diamant du Commandeur, par Ponson du Terrail. 4 vol.
Le Douanier de mer, par Élie Berthet, 5 vol. in-8.
Mlle Colombe Rigolboche, par Maximilien Perrin. 4 vol. in-8.
Morte et Vivante, par Henry de Kock. 3 vol. in-8.
Daniel le laboureur, par Clémence Robert. 4 vol. in-8.
Les grands danseurs du roi, par Ch. Rabou. 3 vol. in-8.
Le Pays des Amours, par Maximilien Perrin. 3 vol. in-8.
La jeunesse du roi Henri, par Ponson du Terrail. 6 vol. in-8.
L'Amour au bivouac, par A. de Gondrecourt. 5 vol. in-8.
Les Princes de Maquenoise, par H. de Saint-Georges, 6 v. in-8.
Le Cordonnier de la rue de la Lune, par Théod. Anne. 4 v. in-8.
La Belle aux yeux d'or, par la comtesse Dash, 3 vol. in-8.
La Revanche de Baccarat, par Ponson du Terrail, 6 vol. in-8.
Le Roi des gueux, par Paul Féval, 6 vol. in-8.
Une Femme à trois visages, par Ch. Paul de Kock, 6 vol. in-8
Une Existence Parisienne, par Mme de Bawr, 3 vol. in-8.
Les Yeux de ma tante, par Eugène Scribe. 6 vol. in-8.
Les Exploits de Rocambole, par Ponson du Terrail. 8 vol. in-8
Le Bonhomme Nock, par A. de Gondrecourt. 6 vol. in-8.
Le Vagabond, par E. Énault et L. Judicis. 4 vol. in-8.
Les Ruines de Paris, par Charles Monselet. 4 vol. in-8.
Les Viveurs de Province, par Xavier de Montepin. 6 vol. in-8
Les Coureurs d'Amourettes, par Maximilien Perrin. 3 vol. in-8.
La dame au gant noir, par Ponson du Terrail. 8 vol. in-8.
Les Émigrants, par Élie Berthet. 5 vol. in-8.
Les Cheveux de la reine, par madame la comtesse Dash 3 vol. in-8.
La Rose Blanche, par Auguste Maquet. 3 vol. in-8.
La Maison Rose, par Xavier de Montépin. 6 vol. in-8.
Le club des Valets de Cœur, par Ponson du Terrail. 8 vol. in-8
Monsieur Cherami, par Ch. Paul de Kock, 5 vol. in-8.
L'Envers et l'Endroit, par Auguste Maquet. 4 vol. in-8.
Le Prix du sang, par A. de Gondrecourt. 5 vol. in-8.
Nena-Sahib, par Clémence Robert. 3 vol. in-8.
La Reine de Paris, par Théodore Anne. 3 vol. in-8.
Un ami de ma femme, par Maximilien Perrin. 3 vol. in-8.
La Maison mystérieuse, par mad. la comtesse Dash. 4 vol. in-8.
Le Bossu, aventures de cape et d'épée, par Paul Féval. 5 vol. in-8.
La Bête du Gévaudan, par Élie Berthet. 5 vol. in-8.
Les Spadassins de l'Opéra, par Ponson du Terrail. 8 vol. in-8.
Le Filleul d'Amadis, par Eugène Scribe. 3 vol. in-8
Les Folies d'un grand Seigneur, par Ch. Monselet 4 v. in 8.
La Vieille Fille, par A. de Gondrecourt. 4 vol. in-8.
Le Masque d'Acier, par Théodore Anne. 4 vol. in-8.
Le Juif de Gand, par Constant Guéroult, auteur de *Roquevert l'Arquebusier*. 4 vol. in-8.
La Princesse Russe, par Emmanuel Gonzalès. 2 vol. in-8.
La Fille Sanglante, par Charles Rabou. 4 vol. in-8.
Pour la suite des Nouveautés, demander le Catalogue général qui se distribue gratis.

www.ingramcontent.com/pod-product-compliance
Lightning Source LLC
Chambersburg PA
CBHW060654170426
43199CB00012B/1788